触法精神障害者

医療観察法をめぐって

里中高志
satonaka takashi

中央公論新社

触法精神障害者　医療観察法をめぐって　目次

図版作成　明昌堂

触法精神障害者

医療観察法をめぐって

ブックデザイン　秦　浩司

心神喪失等の状態で重大な他害行為を行った者の医療及び観察等に関する法律（医療観察法）

平成一五（二〇〇三）年七月一六日成立・公布　平成一七（二〇〇五）年七月一五日施行

第一条　この法律は、心神喪失等の状態で重大な他害行為（他人に害を及ぼす行為をいう。以下同じ。）を行った者に対し、その適切な処遇を決定するための手続等を定めることにより、継続的かつ適切な医療並びにその確保のために必要な観察及び指導を行うことによって、その病状の改善及びこれに伴う同様の行為の再発の防止を図り、もってその社会復帰を促進することを目的とする。

2　この法律による処遇に携わる者は、前項に規定する目的を踏まえ、心神喪失等の状態で重大な他害行為を行った者が円滑に社会復帰をすることができるように努めなければならない。

第一章　「対象者」

事件は施設で起きた

運転中の木村邦弘《くにひろ》（当時六八歳）の携帯電話が鳴ったのは、二〇一四年二月二七日、午後三時五〇分頃のことだった。画面には長男の弘宣《ひろのぶ》の携帯番号が表示されている。ところが一〇分後、停車してリダイヤルしたところ、本人ではなく、弘宣が勤務している精神障害者のための自立支援施設の管理者が電話に出た。

「木村さんが刺されて緊急治療病院に移送されています」

そう聞いたときは、邦弘はまだそれほど事態を深刻に捉えていなかった。最初の電話は弘宣が自分でかけてきたと思い込んでいたので、それほど重大な怪我ではあるまいと思っていた。

だが、病院に着くと案内されたのは集中治療室で、弘宣の職場に勤務している看護師が付き添いで来ており、泣きながら邦弘に状況を説明した。

三六歳の木村弘宣は、精神障害者の自立支援施設の職員として、入居している男性の居室を訪問した際、男性に複数回、首を刃物で切りつけられた。その後、男性が施設の事務室に電話をかけて「職員を刺した」と伝えたため、ほかの職員が急いで向かうと、弘宣が倒れていた。職員は警察に通報。警察官が駆けつけ、男性は殺人未遂容疑で現行犯逮捕された。

午後五時五〇分頃、医師が看護師と共に現れ、「この度は大変お気の毒でした」と言い、亡くなったことを告げ、「遺体はご覧になりますか。お会いになりますか」と聞いた。

そこで初めて邦弘は集中治療室に入り、まだ刺された傷口に血が残る弘宣の遺体に対面した。頭の中は真っ白だったが、殺人事件なので司法解剖するが、遺体をどう移動するか、などのやりとりがあり、午後八時頃に帰宅した。

テレビをつけると、NHKの八時四五分のニュースで事件のことが報道されていて、まだ邦弘も把握していなかったかなり細かいことまでアナウンサーが読み上げていた。着信のあった知人に電話すると、六時のニュースですでに報道されていたとのことで、被害者家族に情報が提供されないまま報道がなされていたことに憤りを覚えた。

翌日の新聞記事の一部では加害者の名前が実名で報道されていたが、続報では匿名になった。

自立支援施設に入居していた精神障害者だったからである。

弘宣が刺殺された直後、各種手続きや葬儀の準備、自立支援施設を運営していた医療法人からの説明などに忙殺されながら、邦弘は弘宣が残した文章や、弘宣の友人たちの追悼文を集め始めた。その「優しさと笑顔に感謝　故木村弘宣追悼集」をまとめている最中の五月、弘宣を刺殺した男性が精神鑑定により不起訴処分となるとの知らせを検察庁からの電話で受けた。

これ以降、テレビ、新聞などのメディアで事件のことが一切報道されなくなる。そして、行政とのやりとりの中では、男性は「加害者」ではなく、「対象者」と呼ばれることになる。

「対象者」という呼称は、医療観察法の第二条に基づいている。

医療観察法の第二条では、まず刑法の殺人、傷害、放火、強盗、強制性交、強制わいせつにあたる行為を「対象行為」と定めている。これが、医療観察法が定める「重大な他害行為」である。

そして、対象行為を行い、かつ刑法第三九条の規定によって、心神喪失者、または心神耗弱《こうじゃく》者とされ、無罪、あるいは執行猶予、不起訴、起訴猶予になった人を、「対象者」と呼ぶように定めている。

従って、医療観察法をめぐる文脈においては、「加害者」や「犯人」という代わりに、「対象者」という用語を使う。本書においても同様である。

刑法三九条については後述するが、この条項に該当した人は罪に問えないのだから「加害者」と呼ぶのは適当ではないということである。しかし、人を殺傷した加害者を「対象者」と言い換えるのは、事件の本質を覆い隠しているようにも思える。

木村邦弘への取材でも、「対象者」と言ってから「加害者」と言い直すことがあって、それは自分の息子を死に至らしめた人物を「対象者」という曖昧な括りで呼ぶことにささやかな抗議をしているようにも思えた。

事件が起きるまで

木村弘宣は、一九七九年二月二三日、木村邦弘、雅子の長男として、札幌市厚別区に生まれた。上に姉がいる。父の邦弘は、北海道大学を卒業後、コープさっぽろに入職。旭川に単身赴任していた時期もあったが、毎年夏になると道北・道東に家族旅行に出かける、仲睦まじい一家だった。

弘宣が小学生のときの同級生の間でのニックネームは「社長」。人に頼まれごとをされたら進んでやる性格で、大企業の社長ではなく、『男はつらいよ』に出てくる下町の社長のような、家庭的な小さな会社の社長のイメージで呼ばれていた。青年になってから父子で趣味のカラオケに行くと、父は北島三郎などの演歌を、息子はBOØWYや、ウルフルズ、エレファントカシマシを歌ったという。

二〇〇一年、小樽商科大学商学部を卒業。ジャーナリストを志し、マスコミ各社を受験したが内定が出ず、株式会社日立エンジニアリングに入社した。実家から独立して東京でのひとり暮らしに最初は胸を躍らせたが、ＩＴの仕事は肌に合わなかった。プログラミングの研修を受けているときから同期に後れを取り始め、五月に配属が決まってからもミスを連発してうつ状態になってしまう。結局、入社した年の一二月に退社した。

そのころ、母の雅子が、五〇代の若さで若年性認知症を発症する。当時はまだ若年性認知症について広く知られておらず、更年期障害などを疑われているうちに症状が進行していった。姉はすでに結婚していたため、弘宣は自分が母のケアをしたいと思い、福祉の道に進むことを決める。そこで目指した資格は、介護福祉士ではなく精神保健福祉士だった。高齢者の介護だけでなく、あらゆる年齢の人の心のケアや、精神障害者の支援に関心があったからだ。資格を取るために入学したのは、高田馬場にある日本福祉教育専門学校だった。

精神保健福祉士は、一九九七年に創設された精神障害専門の福祉分野の国家資格である。これに類するものに、介護の分野を扱う介護福祉士、福祉全般を扱う社会福祉士がある。

精神保健福祉士は現在、精神科病院や精神障害者のための各種施設のほか、障害者に対応する業務のある官公庁や、障害者雇用制度で精神障害者を雇用する企業などにも配属されている。

二〇〇二年に日本福祉教育専門学校の精神保健福祉士養成科に入学した弘宣は、クラスでは委員長の役目を引き受けるなど、同級生たちのまとめ役だった。

二〇〇三年春に日本福祉教育専門学校を卒業、国家試験にも合格して精神保健福祉士の資格を取得すると、札幌に帰郷し、父母と同居した。五月に精神障害者自立支援施設に職員として入職。

追悼集「優しさと笑顔に感謝」に、施設の冊子に載った弘宣の文章が掲載されている。前職のIT企業でうまくいかなかったのはコミュニケーションが不得手だったことに原因があり、現在の職場でもそれが課題であることを書いた後で、このように綴っている。

今は、この職場（注・原文は実名）で働けることに幸せを感じている。私自身、この作業所に無限の可能性を感じているのだ。スタッフ—メンバー間の壁は無く、フラットに付き合える雰囲気があり、一人ひとりがのびのびと自己表現できる場だと思う。私が東京の精神保健福祉士養成校を卒業後、就職活動で途方に暮れていたときに、この作業所が職員募集をしていたことは、自分にとって本当に幸運である。

私が柱になって、共同住居を設立するという話も出ているが、まずは作業所の中で、自分のできることを積み重ねていき、少しずつ仕事に対し自信をつけていきたい。そして、自分一人で問題を抱え込まず、時にはメンバーや職員にも助けを借りるようにしていきたいと思う。

「皆でやる」ことを大切にしていきたい。

「就労」は、私にとっても永遠の課題となりそうだ。

精神障害者の自立支援という仕事にやりがいを感じたが、施設に正規職員を増やす余裕がなく、アルバイトの待遇だったため、正規職員の仕事に就こうと二〇〇六年から有料老人ホームに勤務。

二〇一〇年には介護福祉士の資格も取得した。

二〇一一年の東日本大震災に大きな衝撃を受けた弘宣は、その年から二、三年にわたって何度か被災地にボランティアに出かけている。

自宅では若年性認知症の母・雅子の介護も担っていたが、雅子がグループホームに入居したのを機に、本来希望していた精神障害者の支援をするため、二〇一二年には精神科病院に入職。翌年に同法人が運営する自立支援援護施設での勤務が始まった。ここが、事件の起きた職場である。

自立支援援護施設は全室個室で、同法人の精神科病院を退院した患者が暮らしていた。弘宣を包丁で刺して死亡させた男性は統合失調症、アルコール依存症を患っており、この事件までに病院で入退院を繰り返していた。駆けつけた警察官に現行犯逮捕された男性は、「『死ね、死ね、死ね』という声がずっと聞こえていたので、木村さんと一緒に死のうと思った」などと言っていたという。

そして対象者はどこへ

二〇二二年六月、取材のため北海道札幌市の木村邦弘のマンションを訪ねた。医療観察法についての取材を始めて三年近く経ち、執筆を進めていたが、医療観察法の全体像に迫り切れていないことを感じていた。

そんな折、邦弘が医療観察法における被害者家族の権利を求めて訴えていることをネットニュース（「心神喪失だからといって、息子を殺した男を社会から消し去っていいのか　父の苦闘」ジャーナリスト・本田信一郎／「弁護士ドットコムニュース」二〇二一年四月二二日）で知り、欠けているのは、被害者からの視点ではなかったか、と気付いた。

本書の構成について最初に担当編集者と話し合ったときから、医療観察法の対象となった事件の被害者家族への取材が必要ではないか、という話は出ていた。しかし、大切な人を失うという取り返しのつかない経験をした被害者家族の話は重みがあり、その視点からのメッセージが強く出てしまうのではないか、という逡巡があった。だが、邦弘は「精神障害者の自立支援を考える会」を立ち上げ、このような事件を抑止することと同時に、精神障害者の生きづらさを軽減することを会の方針として掲げていた。医療観察法について、被害者家族としてだけではなく、俯瞰的な視点を持っているように感じた。

邦弘のマンションは札幌の中心部にある。訪問の挨拶に菓子折りを渡そうとすると、「それではせっかくですから妻と息子に会ってください」といい、リビングの隣の部屋の、妻・雅子と長男・弘宣の写真が飾られている仏壇に案内してくれた。

私は線香に火をつけ、手を合わせながら、私より二歳年下で、同じ日本福祉教育専門学校の精神保健福祉士養成科に通ったことや、コミュニケーションに苦手意識があり、就職に悩んだなど、私と共通点があり、今の自分より九歳も若い三六歳という若さで亡くなった弘宣にこのような形で対面を果たしたことに想いを馳せた。

「弘宣が医療法人に就職して初めてついた仕事は、患者さんが住んでいるアパートを訪問して話を聞くという、訪問看護の仕事でした。結構大変で、いろいろ悩んでいたみたいでした。援護施設に異動になってからは、どういうふうに利用者に接すればいいか段々分かってきて、やりがいも出てきたらしく、『この仕事、俺は合ってるからずっとやるわ』と言っていたから、良かったなと思っていたんです」

弘宣が働いていたグループホームの居住者は同じ法人の精神科病院を退院した患者が中心で、グループホームに移ったものの、病状が悪くなり病院に再入院する、ということを繰り返している人も多かった。事件を起こした患者もそのひとりだった。

「結局その対象者、加害者は天の声というか、幻聴で『お前は死ね』ということをずっと言われていて、死ななきゃならないと思い込んでいたらしい。けれどひとりで自殺するのは寂しいから誰か一緒に死んでくれないかということで、そのとき一番面倒を見てくれていた弘宣が一緒にいってくれるんじゃないかと、普通の判断ではありえないことだけど、そう思ったらしいんだね」

当時その対象者は、グループホームを出て一般のアパートに移り、ひとり暮らしをする準備を進めていて、弘宣ら職員のサポートで移り住む部屋の契約も済んでいた。スーパーに同行して買い物の練習をしたり、金銭管理について学んでいるところで、主治医も病状は安定していると診断していた。事件を起こすほど病状が再燃（再発）していることに気づいた者はいなかったという。事件が起こったのは二月二七日だが、三月からは別の職員がその対象者を担当することになっていて、弘宣が担当する最後の日にあたっていた。

邦弘は、最初は警察、その後は検察から何度も事情聴取を受けた。しかし結局、心神喪失だから不起訴にすると五月に電話で聞かされた。「精神鑑定の結果、心神喪失で刑法三九条により責任能力が問えないので不起訴とします。それに対して、今度医療観察の審判が開かれるけれど、傍聴を希望しますか。それからその傍聴後に処遇が決まった段階で、処遇についての決定内容の通知が必要ですか」という内容の電話だった。傍聴も通知も希望しますと伝えると、用紙を提出する必要があると言われ、札幌の検察庁まで行って用紙を書いた。

「息子は午後三時に部屋を訪ねて、部屋に入るとすぐ刺されているんですが、対象者、加害者はそれに合わせて包丁を用意しているんです。そういうふうに計画して準備しているのに心神喪失というのはおかしいんじゃないか、検察庁に書類を提出しにいったときにそう言いました。けれど検事は、そういう説明できないことが起こるのが統合失調症の特徴でもあるんだと答えました。それ自体が心神喪失の根拠になるんだという話でした」

医療審判は八月に、札幌の裁判所で行われた。邦弘はそのとき初めて、息子を死に至らしめた人物を見た。被害者が参加できる通常の裁判と違い、柵の外で座って聞いているだけで質問をすることはできない。

審判には裁判官のほかに検事と弁護士、精神鑑定をした医師が参加し、検事がまず、この対象者については不起訴にして医療観察法審判で処分するのが妥当であると意見を述べた。医師が精神鑑定の結果、責任能力を問えないことを説明し、最後に裁判官が対象者に、「何か意見はありますか」と聞くと、そこで初めて対象者は声を出し、

「ありません」

と答えた。

審判は淡々と行われ、一時間ほどで終了した。

その後、検察から医療観察法の処遇決定通知書をもらうことを希望するかと聞かれ、ぜひもらいたいと言ったところ、郵送で受け取ることができた。そこには対象者の名前も書いてあり、どのような状況で後ろから刺されたか、そして結論として本件は刑法上の殺人事件に該当するということも書かれていた。

入院処遇の決定についても、その決定内容を通知してほしいのであれば文書を出してくださいと言われ、裁判所に文書で要望したところ、後日通知書が封書で郵送されてきた。札幌の地方裁判所からの文書で、そこには対象者が本州の指定入院医療機関への入院処遇になったということで、その病院名も書かれていた。当時、北海道には、医療観察法の指定入院医療機関はなかった。

そして、その通知を最後に、自分の息子の生命を絶った人物がいまどのように過ごし、何を考えているのか知ることができなくなった。

第二章　医療観察法病棟

セカンドキャリアとしての福祉

私は木村弘宣と同じ日本福祉教育専門学校精神保健福祉士養成科で精神保健福祉士の資格を取得している。弘宣は二〇〇二年から二〇〇三年にかけて、私は二〇一〇年から二〇一一年にかけて通った。

私は一九七九年生まれの弘宣より二歳上だが、早稲田大学を二年留年したため、社会人になったのは同じ二〇〇一年である。五年で卒業するつもりだったが、単位の計算を間違えて六年の在学になってしまった。そのころの早稲田は一年くらい留年するのは普通という雰囲気で、五年生のときは同じく留年している仲間たちと演劇活動などしていたのだが、さすがに六年目になると同級生はほとんど卒業していた。

当時は就職氷河期だった。マスコミを目指した弘宣と同じく私も出版社を志望したが、コミュニケーションが苦手だったこともあり、一次面接より先に進めなかった。卒業間際にようやく、ITエンジニアを派遣する小さな会社から内定をもらった。

その内定者懇談会があった日、面接を受けていた編集プロダクションから携帯電話に採用の電話がかかってきた。早稲田編集企画室というその編集プロダクションは、『女性自身』や『週刊現代』で活躍した名物記者の黒木純一郎が創業した記者集団で、週刊誌の編集部に記者を派遣しつつ、ガイドブックなどの単行本も作っていた。

「三ヵ月の試用期間の間は給料一〇万円、それが過ぎたら一三万だけど、週刊誌に入って稼げるようになったらそれなりに給料は増える。健康を壊さないように、バナナと牛乳は経費で代金を支給する」という型破りな条件だった。社会保険なども一切なし。それでも、実家暮らしで将来のこともあまり考えていなかった私には、講談社や光文社の雑誌編集部で働ける可能性があるというだけで魅力的だった。

普通の親なら、「そんな会社はやめてまともな企業に就職しなさい」と言うところかもしれないが、母は「あんたには普通の会社は無理だから変なところのほうが合っている」と言ってくれた。これにはいまでも感謝している。

早稲田編集企画室では、最初の半年は主に単行本の製作の仕事をして、半年ほど経って光文社の男性週刊誌『ＤＩＡＳ』に配属された。同誌はまもなく休刊、その後『女性自身』に配属された。

週刊誌の仕事は性に合っていたが、編集部で知り合った女性記者と二〇〇五年に結婚。そのころ週刊誌の仕事が減り、収入が心許なかったため、出版社に転職した。しかし、その仕事がうまくいかず、上司から罵倒を繰り返されているうちに具合が悪くなり、退職。業界紙に転職したが、ここでもうまくいかなかった。

短期間での離職が二回重なると面接を受けても採用されなくなり、気持ちは焦り、滅入る一方になった。そんな事情もあり、心の健康について関心も持っていたので、精神保健福祉士の資格を目指すことにしたのだった。

二〇〇九年から埼玉県の地域活動支援センターで非常勤の職員として働くことにした。地域活動支援センターとは、地域で暮らす精神障害者の生活をサポートする通所施設で、マンションの一室で運営されていた。部屋の中で内職作業をしたり、施設外に園芸作業に出かけたり、通所するメンバーの話し相手になったりした。センターでは精神障害者の利用者のことをメンバーと呼んでいたのである。

通所してくる人たちは、多少困ったところはあるものの、おおむね穏やかで、社会の中にうまく居場所を見つけられないだけの普通の人たちのように思えた。「精神障害者」と言うと仰々しく聞こえるが、自分とそれほど違った人たちとは感じなかった。私自身、マスコミの世界でだんだんうまくいかなくなり、居場所を失ってしまったという点ではその人たちと同じだった。「里中さんは健常者だからいいよね」とあるメンバーに言われたとき、複雑な気持ちになったことを覚えている。『精神障害者枠で働く』という障害者雇用をテーマにした自著の前書きにも書いたが、どこにも不健康なところのない健常者もいなければ、どこにも健康なところがない障害者もいないのであって、そのふたつを決然と分ける境界線などないように思えてならなかった。

地域活動支援センターで働きながら、高田馬場にある日本福祉教育専門学校に通い始めた。午後五時に仕事を終えてから、夜間に始まる授業に通う。同校には、精神保健福祉士養成科のほかに、社会福祉士や言語聴覚士の養成課程もある。校舎は神田川の近くにあり、大学で馴染みのあった高田馬場に再び通うことになった。

日本福祉教育専門学校の精神保健福祉士養成科は、すでに大卒の資格を持っている人を対象に、一年で精神保健福祉士の取得に必要な単位を履修し、国家試験の合格を目指すコースだった。四〇人ほどのクラスには、社会人として何らかの挫折を経験した人が多いような気がした。クラスメートとの仲は密接で、よく授業のあとに高田馬場の居酒屋に飲みに行った。

一年の間に二箇所で、それぞれ二週間ほどの実習があった。精神科病院でも実習をしてみたかったのだが、私が指定されたのは二箇所とも地域の施設だった。実習のあとは日誌を書いたり、国家試験の受験勉強にも取り組まねばならず、忙しい日々だったことを思い出す。

紆余曲折

二〇一一年三月一一日、東日本大震災が起こったときも、私はまだ、埼玉県の地域活動支援センターに勤めていた。精神保健福祉士の国家試験に合格し、四月から東京のメンタルクリニックへの勤務が決まっていたが、三月いっぱいは地域活動支援センターで勤務を続けることになっていた。

地震が起こった時間、私はメンバーと一緒にメンタルヘルスについての講演会に参加していた。市民ホールの小さな一室で始まった揺れは一向におさまらず、参加した女性が「怖い。怖い」と一緒に来た家族にすがりついていた。講演会はその場で中止になり、メンバーと一緒に地域活動支援センターに戻った。

テレビをつけると、東北の津波の目を疑うような光景が映し出された。誰もが想像もしなかった事態に混乱していた。メンバーは安全を確認しながらそれぞれ帰宅。電車が止まっていたので、私はセンターがある埼玉県戸田市から東京の赤羽まで職員に車で送ってもらい、もうひとりの職員とともに、都内の自宅までひたすら歩いた。歩道には、同じように徒歩で帰宅する人たちがあふれていた。

福島の原子力発電所が事故を起こし、不安の日々が始まった。世の中は騒然としていたが、一年半勤めた私がセンターを辞めるにあたって、上司や同僚たちが送別会を開いてくれた。私は、転職に連続して失敗し、自分のリハビリにこの職場を利用してしまったのかもしれない。だが思い出せば、週刊誌で働いていた頃は、有名人や社会的地位のある人と一対一で向かいあって取材することで、自分もひと角の人物であるように勘違いしてしまっていた。メディアから離れたこの二年ほどの期間がなければ、私はどこかでダメになっていたと思う。

こうして四月からメンタルクリニックに精神保健福祉士として勤務したが、結局四ヵ月ほどで辞めてしまった。スムーズに事務を処理することができなかったばかりか、院長から「どうも君は年相応の常識がないようだね。試用期間を延長する」と言われ、言い合いになってしまった。

結局、自分の性格には、正確さや几帳面さが求められる医療や福祉の世界よりも、多少型破りであったり無頼派な人間にも居場所を与えてくれるメディアの世界が性に合っていることが改めて分かってきた。『サイゾー』の岩崎貴久編集長から毎月小さな仕事をもらい、細々とライター稼業を再開した。

精神障害者のためにさまざまな情報を提供しているNPO法人地域精神保健福祉機構・コンボにメンタルヘルスについての記事を書かせてもらった縁で、中央法規出版のサイトでインタビューされたのをきっかけに企画を持ち込み、『精神障害者枠で働く』という本を二〇一四年に上梓した。障害者雇用促進法という法律で、企業が雇用しなければならない障害者のカテゴリーに精神障害者が正式に含まれるのに合わせ、すでに精神障害者を雇用している一二の職場を取材したものだ。

精神障害というハンディキャップがあっても、障害者雇用という枠組みで配慮を受け働くことができるということに可能性を感じ出版したものだが、結果的に障害者目線というよりは企業がどうすれば雇用できるか、という企業目線の本になった。障害者雇用で働けて嬉しい、という当事者の声を紹介したが、その後の障害者雇用を見ても、給料が上がらない、やりがいの感じられない同じような仕事が何年も続く、といった声が少なくない。

この本を作ることを通して、社会全体の職場環境を良くするために必要なのは、健常者の雇用と障害者の雇用を峻別《しゅんべつ》することではなく、多少のハンデがあっても職場全体でカバーできるゆとりのある社会になることではないかと思った。

平林医師との出会い

あるとき、東京都小平市にある国立精神・神経医療研究センターの医師を取材したのがきっかけで、同センターが主催する記者向けの一日セミナーに参加することにした。

数名の医師が自身の専門分野についてパワーポイントを使って説明するものだったが、その中に医療観察法病棟を担当する平林直次医師がいた。国立精神・神経医療研究センターに、他害行為を行った精神障害者、すなわち触法精神障害者のための医療観察法病棟があることをここで初めて知った。

私は当時、ある医療サイトに月数本のペースで記事を書いていた。触法精神障害者の医療というのは取材が難しい分野だと思っていたため、関心を持った。このときの記者向けセミナーでは、講師への取材のアポを積極的に受け付けていたため、平林医師にインタビューを申し込んだ。心神喪失や心神耗弱とされた精神障害者の場合、「犯罪」と言わず「他害行為」と呼ぶことを、この取材で知った。二〇一七年のことである。

インタビューは短く三本の記事に分けて掲載された。各記事の冒頭には、編集部によって、前年の二〇一六年に相模原市の福祉施設「津久井やまゆり園」で四五人を殺傷した犯人の精神鑑定結果が、二〇一七年二月に「完全な責任能力を問える」と報道されたことが記された。医療観察法病棟で治療を受けるのは責任能力が問えない人たちなのだから、責任能力が問えるとされた事件のことをわざわざここで持ち出さなくてもいいのでは、と思ったが、興味のない記事はすぐに読み飛ばしてしまうネットの読者にアピールするには、世間の関心の高いこの事件に触れたほうがいいということだったのだろう。

津久井やまゆり園の事件は、障害者は存在しなくていいという犯人の思想が剝き出しになり最悪の結果を生んだ事件として、障害者福祉に携わる人たちには特に衝撃を与えた。だからこそ、触法精神障害者という別の難しい問題と関連させるのは慎重になるべきだと、私としては思っていたのだが。

記事がアップされると、イメージ画像として、腰から下しか映っていない男性が刃物を持っている写真が添えられているではないか。これでは、恐ろしいイメージばかりをいたずらに拡散してしまう。平林医師がまだ見ていなければいいがと思いつつ、私は慌ててサイトの担当者に電話をして画像を差し替えてもらった。

しばらくして記事の反応がどこかに出ていないかと検索すると、掲示板サイトに記事へのリンクとともに匿名の反応がいくつも書き込まれていた。懸念していたことだが、やはり事件を起こした人が安全な病棟で手厚い医療を受けていることに反感を抱き、治療後に社会へ出ていくことを恐ろしがるコメントがほとんどだった。このテーマを扱う難しさを思い知らされることになった。

このときの取材では医療観察法病棟に入ることはなく、国立精神・神経医療研究センター内の別の建物で行われた。平林医師に「病棟の中を見学させてもらうことはできませんか」と聞いてみると、「いままで取材を許可したことはありませんが、もし興味があればセンター内で取材を受け入れるか検討しますので、申し込んでみてください」と言ってくれた。

メディアがなかなか立ち入ることのできない病棟内を取材できる可能性があることに興味を感じつつ、難しいテーマに踏み込んでいくことに躊躇もしていた。軽々に取り組めるテーマでないことは分かりきっている。

二〇二一年に飯田基晴監督が制作したドキュメンタリー映画『不安の正体　精神障害者グルー

プホームと地域』は、横浜市、川崎市などで、精神障害者グループホームの開設にあたって、地域住民が不安を抱き、建設反対の住民運動が起こったことを記録している。住民説明会では、「大声を出すんじゃないの」「何が起きるか分からない」「非常に怖い」などの意見が出たという。この事実が示すように、精神障害者全般に対して、「何をするか分からない人たち」だと思っている人は、いまでも存在する。

しかし、私が実際に接してきた精神障害者のほとんどは、心のバランスを崩しやすいけれども、繊細で優しい人たちであったから、そういった側面を見てほしいと思って、メンタルヘルスのテーマを書いてきたところがあった。触法精神障害者というテーマを取り上げることで、精神障害者全体に対する負のイメージを強めることになってしまわないか、という心配が私にはあった。

しかし、一番難しい部分を伏せて、耳に心地いい部分ばかり紹介するのでは、やはり精神障害について正しく伝えていることにならないのではないか。それに精神疾患のために過ちを犯してしまった人が触法精神障害者だとするのなら、その人たちは病の一番の被害者なのかもしれない。「善良な精神障害者」というイメージを守るために触法精神障害者を除外したのなら、差別をしないためにもうひとつの差別を作る、二重の差別の構造を新たに生んでしまう可能性もある。そう考えて、取材をする決断をした。

医療観察法病棟

国立精神・神経医療研究センターの医療観察法病棟の取材は二〇一九年の一二月に行った。

同センターは、NCNP病院を併設した国立研究開発法人で、NCNPとは、国立精神・神経医療研究センターの英語名称「National Center of Neurology and Psychiatry」から来ている。

およそ一九万八〇〇〇㎡という広大な敷地を持つこの病院は、かつて傷痍軍人武蔵療養所という名称で、日中戦争や太平洋戦争によるPTSDなどで精神に障害を負った元兵士たちが長期療養していた。いまは国立研究開発法人として、精神疾患や神経疾患の研究・医療を行っている。

医療観察法病棟は迷路のような敷地の一番奥にあり、八病棟と九病棟が左右対称に設置されている。床面積はそれぞれ約二四〇〇㎡と約二五〇〇㎡。各三三床の病床がある。入所しているのは、重大な他害行為を行いながら、心神喪失で無罪、もしくは心神耗弱の状態にあったという理由で執行猶予になった人、あるいは不起訴、起訴猶予になった人たちである。重大な他害行為とは、殺人、傷害、放火、強盗、強制性交、強制わいせつの六種類を指す。

国立精神・神経医療研究センターの医療観察法病棟に、メディアの人間が入るのはこのときが初めてだった。平林直次医師が説明する。

「医療観察法という法律ができて、二〇〇五年に全国で初めて開設されたのが、この医療観察法病棟です。ここをモデルとして、いま全国に三三施設（取材当時。二〇二三年現在は三五施設）、病床数にして八三三床（取材当時。二〇二三年現在は八五六床）の医療観察法病棟が作られています。急性期、回復期、社会復帰期、それから女性患者向けの四つのユニットから構成されています」

病棟に入るにあたり、厳重なボディチェックが行われた。入り口は二段階になっており、最初の扉が開いた先で金属探知機によるチェック、さらに警備員によるボディチェックが行われる。私物はコインロッカーに入れ、取材用のボールペンとICレコーダーは、警備員の確認後、届出用紙に記入することで持ち込みを許可された。そうしてようやく、平林医師が二番目の扉を開けて病棟に入れてくれた。最初の扉と二番目の扉の電気錠は、同時には開かない構造になっているという。足を踏み入れると、警備のものものしさとは落差を感じる、穏やかな空気が流れる空間だった。

ガラスの天窓から冬の陽が落ちる円形のホール。その壁は腰の高さでせり出していて、どこでも座れるようになっている。フロアの中ほどにはテーブルがあり、椅子に四名の入所者が座っていた。膝に腕をのせてうなだれている人。本を開いている人、二人一組で、将棋盤に向かい合っている人。話し声は聞こえなかった。

私はそれまでにも取材やお見舞いなどで精神科病院には何度も入ったことがあったので、穏やかに過ごす患者も多いことは分かっていたが、この病院はこれまで入る機会のあった精神科病院と比べても綺麗で静かだった。建物や設備にお金がかけられている印象を持った。

池田小事件を契機に作られた医療観察法

「医療観察法」とは、二〇〇三年に公布、〇五年に施行された法律だ。正式名称を「心神喪失等の状態で重大な他害行為を行った者の医療及び観察等に関する法律」という。

この法律ができる直接のきっかけとなったのは、二〇〇一年に大阪教育大学附属池田小学校で八人の児童が殺害された池田小事件である。事件を起こした宅間《たくま》守《まもる》元死刑囚はそれ以前から婦女暴行などで逮捕歴があった。しかし、同僚に精神安定剤入りのお茶を飲ませ、措置入院になったときには、精神障害を理由に「責任能力なし」と判断され、刑事処分を受けなかった（措置入院とは自傷他害の恐れがある者を、精神保健指定医の診察、都道府県知事の決定によって強制入院させる制度のこと）。その当時、日本には、精神障害者が他害行為を行った場合に適用される法律はなく、精神保健福祉法に基づき、精神科病院で措置入院に処されてきたのである。

他害行為を行った精神障害者のための法律や病棟を作ることは池田小事件の前からすでに法務省や法曹界で議論されていたが、治安維持のために刑罰以上の処分を与える保安処分であるとして、長く日弁連（日本弁護士連合会）などが反対していた。それが、児童八人が殺害される大事件を機に気運が高まり、医療観察法が制定されたのである。

もっとも宅間守元死刑囚は、池田小事件後の精神鑑定の結果、責任能力ありとの判定が出て、死刑判決が下され、二〇〇四年に刑が執行されている。宅間元死刑囚は法律制定のきっかけとはなったが、この法律の対象者とはならなかった。

明るく静かな病棟

平林医師の先導のもと、私と編集者は、医療観察法病棟の九病棟を案内されてゆく。平林医師が歩きながら説明する。

「病棟に入る際は先ほどのようにボディチェックをして、金属類やアルコールは持ち込めないなど、かなりの制限をしています。その代わり一度中に入ると、患者さんは病棟の中を自由に行き来できますし、入院当日から個室に自分で鍵をかけることもできます。もちろん病院側も、外から開けられる鍵を持っていますけれど」

昔の精神科病院は薄暗く、独特の異臭がこもっているところも多かったが、この病棟は明るく、換気が良いため不快な匂いもまったくない。平林医師はこの病棟の設計から関わっているそうだ。

ホールには小さな本棚があり、覗いてみると、宮部みゆきの『模倣犯』や、浦沢直樹のマンガ『MONSTER』など、殺人を描いた作品も置いてあった。近くの小平市立図書館と連携して、入所者がリクエストした本も定期的に届けられる。内容による貸し出し制限は特にない。

「この病棟で制限しても、社会に出れば書籍に出てくるくらいの過激な表現には当然接するわけですから。刺激に対してもきちんと対処できるようにしてもらおうと、できるだけ自由にしています」と平林医師。

興奮しているときに一時的に入る保護室も、スッキリしている。この保護室の使用頻度は年に三回程度と、非常に少ない。ガラス張りで外の光が入る廊下には、スポーツジムによくあるような運動器具も置かれている。こちらはスタッフの許可を得なければ使うことはできない。

三三床の病床はすべて個室だ。内側からサムターンで鍵も閉められる。テレビは共用スペースにもあるが、複数の入所者あたりテレビが一台になるので時折チャンネル争いが起きてしまう。入院の後半になり精神症状が安定すると、個室への小型のテレビの持ち込みも許可される。

「監視カメラがあるのは共用スペースのみで、個室の中にはついていません。患者さんを観察していると、プライバシーが確保されてこそ精神症状が安定していることがはっきりわかるので、最もプライバシーを確保すべき個室もそうしています。一般の精神科病院と比べても、暴力の発生率は低くなっています」（平林医師）

高齢の男性が在室している部屋の中に入れてもらう。六畳ほどで、棚と机、小型のテレビがあり、洗面台には歯磨き粉、歯ブラシ、洗顔料などの洗面用具が並んでいる。ベッドはきちんとメイクされており、窓側の机には一週間の予定表と、古い洋楽のカセットテープが並んでいる。半分開いた棚の引き出しからは、同じような柄のセーターが三枚覗いていた。扉つきのトイレも各部屋の中にあるようだ。

取材に同行した編集者が「ベッドをきれいにされていますね」と話しかけると、男性は「シーツは木曜日に換える」と、小声で答えた。私が「テレビで好きな番組あるんですか」と聞くと、「好きな番組ってないですけど、たまに見ますよ」と言う。重大な他害行為を行ってここにいるはずの人だが、この場所でこうして話すと、恐ろしさは感じない。

次に案内されたのは、薄暗くて壁紙が蛍光塗料でペイントされた怪しい雰囲気の部屋で、感覚調整室という。抱きしめると震えるクッションや、透明な容器のなかで泡が光る装置が置いてあるこの小部屋は、対象者が気持ちを落ち着けたいときに、スタッフが付き添って入ることができる。クラシックやヒーリング系のＣＤも聞けるようになっていた。小さな部屋のなかで平林医師が説明する。

「従来統合失調症の患者さんは落ち着かない状態のときには保護室で一切の感覚を遮断したほうがいい、などと言われてきました。でも、そうやって鍵をかけられて閉じ込められる経験が、結果的に心的外傷体験となって、自力で対処する力を養えていなかった面があると思うんです。ここで三〇分ほど過ごして気持ちを落ち着けて外に出ていく、という経験なら、落ち着かない感情を自分で処理できたということになりますから、そちらのほうがいいと思うんですよね」

リラックスできるムードの部屋に、編集者が、「この部屋は会社にも欲しいですね」と本音を漏らす。平林医師が「ここで少し横になると、本当に仕事したくなくなりますよ」と笑ってから、続ける。

「医療観察法の対象者には、軽度の精神遅滞や発達障害、パーソナリティ障害を持っているうえに、小さい頃虐待や暴力を受けて、人に大切にしてもらった経験の欠けている人が多いんです。だからストレスを受けたときに、自分を大切にしたりいたわったりすることに馴れていない。それができないと、病院を出てからも、病気が悪化したときに誰にも相談できないでひとりでお酒を飲んで耐えたり、被害妄想をつのらせたりしてしまう。でも病院で大切にしてもらったという記憶があると、かかりつけの医師とか、訪問看護の人に相談したりできると思う。病院から外に出たときに、この環境を再現することまでは難しいでしょうけど、人に助けを求めることができれば十分だと思うんです」

病棟内では、携帯は病棟スタッフが預かっており、原則として使えないが、公衆電話は設置されており、お金やテレホンカードで電話することはできる。日用品などをカート式の売店から買うこともできる。

次に案内してもらったのは、広々とした作業療法室。患者ひとりごとに棚のスペースがあてがわれていて、完成していたり、作りかけだったりの木製の恐竜の骨格模型や、ガンダムのプラモデルなどが並んでいる。水槽もあって、熱帯魚のグッピーが泳いでいる。

平林医師が私に、「子どものころ、こういうの作りましたか？」と聞く。私は、「ガンプラ（ガンダムのプラモデル）は作らなかったけど、木製の恐竜の骨格模型は作りました」と答える。あれは五、六歳のころだったろうか、プレゼントされた模型をその日のうちに完成させたら、「上手だ。賢い」といって、祖母が褒めてくれた記憶がある。平林医師が言う。

「普通、家庭で育った人は小学生のとき、親のもとでこういうのを作って褒められた記憶がありますよね。だけど患者さんたちの話を聞いていると、小さいころの親の記憶といえば、酒を飲んでいて昼頃に起きてきていきなり殴られたとかで、褒められた経験がないという人もいます。作業療法士と模型を作って成功体験をしてもらうと、自信が持てて変わる人も多いですね」

ほかには室内競技ができるスペースもあり、バスケットボール、バドミントン、卓球、ソフトバレーをすることもあるという。本当は入所者にもっときちんと話を聞きたかったところだが、それは許可されていなかったので、さきほどの個室で、一言二言交わしただけ。彼らの内面を直接窺い知ることは、このときはできなかった。入所者同士の話し声もほとんど聞こえてこなかった。

全国に三五病棟

今回見学した医療観察法病棟は、医療観察法の第一条に定められている同法の目的「心神喪失等の状態で重大な他害行為を行った者に対し、その適切な処遇を決定するための手続等を定めることにより、継続的かつ適切な医療並びにその確保のために必要な観察及び指導を行うことによって、その病状の改善及びこれに伴う同様の行為の再発の防止を図り、もってその社会復帰を促進すること」に基づいて設置されている。厚生労働省より指定を受けた指定入院医療機関だ。

厚生労働省のホームページによると、現在全国に三五施設ある医療観察法病棟（図1）には、二〇二三年四月一日現在、男性五九五名、女性一九四名、計七八九名の対象者が入院している（図2）。疾病別には、そのうち六六三名が、「統合失調症、統合失調症型障害および妄想性障害」に分類される。現在では、適切な医療と服薬の助けを借りて一般就労したり、結婚したりする人も多くいる統合失調症だが、妄想や幻覚から事件を起こしてしまう人も存在する。そのような患者に必要なのは刑罰よりも医療であるということで、医療観察法病棟では、医師、看護師、作業療法士、臨床心理技術者、精神保健福祉士の多職種によるチーム医療が行われているのである。

精神障害者の行為を無罪にしたり、減刑にする法律は古代ローマや奈良時代から存在する。現在の日本でそれを規定しているのは、有名な刑法三九条で、その条文には、

一　心神喪失者の行為は、罰しない。

二　心神耗弱者の行為は、その刑を減軽する。

とある。心神喪失とは精神障害によって理性的な判断ができない状態。そして心神耗弱とは、心神喪失ほどではないが、理性的な判断をする能力がかなりの部分失われている状態であり、こ

⑾ 大阪精神医療センター	33床
⑿ 岡山県精神科医療センター	33床
⒀ 山口県立こころの医療センター	8床
⒁ 長崎県病院企業団長崎県精神医療センター	17床
⒂ 鹿児島県立姶良病院	17床
⒃ 山形県立こころの医療センター	17床
⒄ 愛知県精神医療センター	17床
⒅ 島根県立こころの医療センター	8床
⒆ 福島県立ふくしま医療センターこころの杜	6床

※病床整備の現状：856床　（病床数は予備病床を含む）
〔うち国関係：504床　都道府県関係352床〕（令和5年4月1日現在）

【指定入院医療機関の状況（令和5年4月1日現在）】

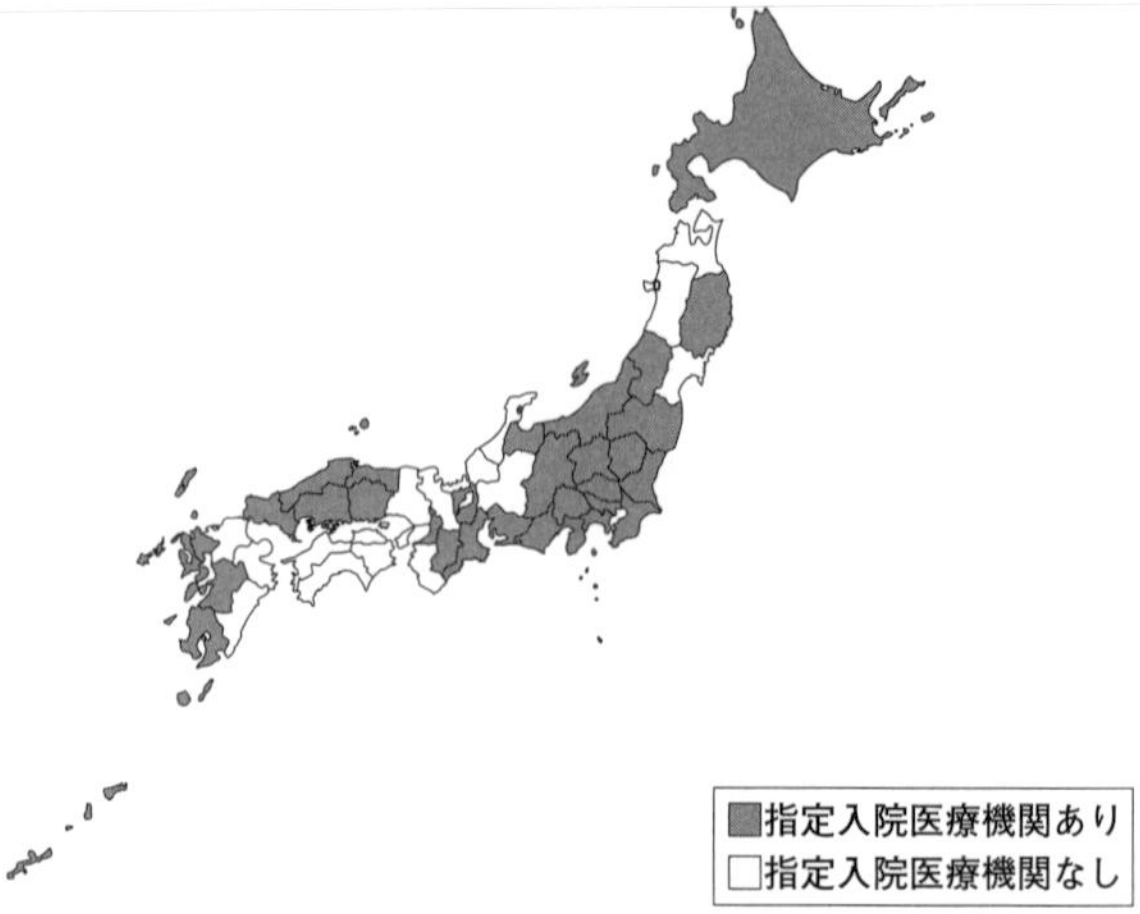

厚生労働省ホームページより

図1　医療観察法・指定入院医療機関の整備状況

1. 国関係

(1) 国立病院機構花巻病院（岩手県）	33床
(2) 国立病院機構下総精神医療センター（千葉県）	33床
(3) 国立精神・神経医療研究センター病院（東京都）	66床
(4) 国立病院機構久里浜医療センター（神奈川県）	50床
(5) 国立病院機構さいがた医療センター（新潟県）	33床
(6) 国立病院機構北陸病院（富山県）	33床
(7) 国立病院機構小諸高原病院（長野県）	17床
(8) 国立病院機構東尾張病院（愛知県）	33床
(9) 国立病院機構榊原病院（三重県）	17床
(10) 国立病院機構やまと精神医療センター（奈良県）	33床
(11) 国立病院機構鳥取医療センター（鳥取県）	17床
(12) 国立病院機構賀茂精神医療センター（広島県）	33床
(13) 国立病院機構肥前精神医療センター（佐賀県）	33床
(14) 国立病院機構菊池病院（熊本県）	17床
(15) 国立病院機構琉球病院（沖縄県）	33床
(16) 北海道大学病院附属司法精神医療センター（北海道）	23床

（病床数は予備病床を含む）

2. 都道府県関係

(1) 茨城県立こころの医療センター	17床
(2) 栃木県立岡本台病院	18床
(3) 群馬県立精神医療センター	16床
(4) 埼玉県立精神医療センター	33床
(5) 東京都立松沢病院	33床
(6) 神奈川県立精神医療センター	33床
(7) 山梨県立北病院	5床
(8) 長野県立こころの医療センター駒ヶ根	6床
(9) 静岡県立こころの医療センター	12床
(10) 滋賀県立精神医療センター	23床

図２　医療観察法の入院対象者の状況

ステージ別、男女別内訳

	男性	女性	合計
急性期	81名	16名	97名
回復期	329名	117名	446名
社会復帰期	185名	61名	246名
合計	595名	194名	789名

疾病別（主）、男女別内訳

	男性	女性	合計
F0　症状性を含む器質性精神障害	11名	2名	13名
F1　精神作用物質使用による精神および行動の障害	36名	1名	37名
F2　統合失調症、統合失調症型障害および妄想性障害	491名	172名	663名
F3　気分（感情）障害	31名	13名	44名
F4　神経症性障害、ストレス関連障害および身体表現性障害	2名	2名	4名
F5　生理的障害および身体的要因に関連した行動症候群	0名	0名	0名
F6　成人のパーソナリティおよび行動の障害	2名	0名	2名
F7　精神遅滞［知的障害］	4名	1名	5名
F8　心理的発達の障害	16名	3名	19名
F9　詳細不明の精神障害	2名	0名	2名

（令和5年4月1日現在）

※疾病名は指定入院医療機関による診断（主病名）
※国際疾病分類第10改訂版（WHO作成）に基づいて分類

厚生労働省ホームページより

れを限定責任能力と呼ぶこともある。

責任能力とは、法の命令や禁止することの意味を理解して、違法な行為を思いとどまることのできる能力だと考えられている。この能力があるからこそ、通常はその行為を思いとどまることができる。思いとどまることができたはずだからこそ、刑罰を科すことができるというわけだ。従って、自分の意思で思いとどまることができなかった場合は心神喪失や心神耗弱にあたり、通常の刑を科せないというのがこの刑法三九条である。

しかし、傷つけられたり、殺されたりした被害者やその家族の立場からすれば、それで無罪になったのではとうてい納得できないだろう。実際に、殺人などの他害行為を犯しながらきちんと罰せられないのはおかしいと、刑法三九条そのものに反対する人たちは、一定数存在してきた。

一方で、医療観察法という制度には、まったく別の方向からの反対意見も根強い。精神医療の専門家や、いわゆる人権派の弁護士の中には、医療観察法の成立の過程の時点から、医療観察法は医療であるといいながら、実質は治安維持のために精神障害者を収容する保安処分を目的とした法律であり、法を犯した精神障害者の人権を不当に侵害するものであると反対を唱えてきた人たちがいる。この主張については、第六章で詳述する。

「刑務所のほうがよかった」

　対象者はどのようなプロセスを経て医療観察法病棟にやってくるのか。図3にあるように、事件を起こして逮捕・送検されたのち、検察官に心神喪失等と認定されて不起訴あるいは起訴猶予となったり、裁判所から心神喪失等を理由に無罪にされた者は、精神科病院での鑑定入院（二ヵ月が原則。最長三ヵ月）を経て、地方裁判所で医療観察法の処遇を受けるかどうかの審判を受ける。

　地方裁判所による審判で、医療観察法が適用されるとなった場合、今回見学した医療観察法病棟のような指定入院医療機関への入院か、指定通院医療機関への通院が決定する。事件を起こしてからここまでに、短いと三ヵ月、長いと一年以上経過していることもある。

　入院処遇が決定すると、対象者は鑑定入院先から医療観察法病棟に送られる。このときに、多職種医療チームとの初顔合わせが行われ、以後の治療方針が説明される。

　鑑定入院中にすでに精神科の治療薬を服用していることがほとんどだとはいえ、この時点ではまだ妄想的であったり、病識（病気であるという認識）がなく、裁判所の入院決定が間違っているなどと訴えることも多い。

　また、ここまでの鑑定入院や審判で、対象者は精神的に疲弊しきっていることも多い。そのような対象者の気持ちを安心させ、治療に向かうように整えていくのが、医療観察法病棟のスタッ

図３　心神喪失等の状態で重大な他害行為を行った者の医療及び観察等に関する法律（医療観察法）の仕組み

（制度は、法務省・厚生労働省共管）　平成15年7月成立・公布、平成17年7月15日施行

心神喪失等で重大な他害行為を行った者に対して、継続的かつ適切な医療並びにその確保のために必要な観察及び指導を行うことによって、病状の改善及び同様の行為の再発防止を図り、その社会復帰を促進するよう、対象者の処遇を決定する手続等を定めるもの。

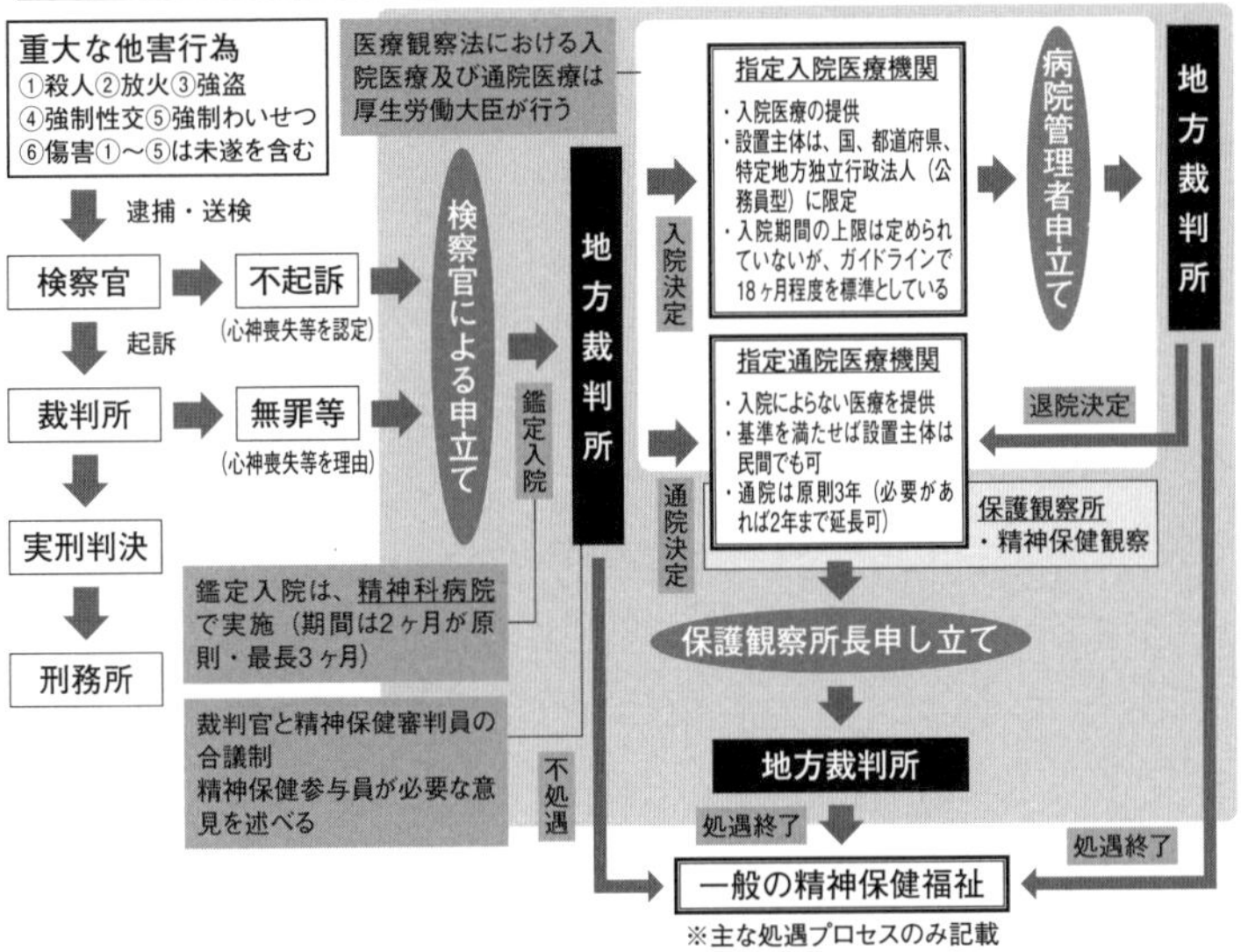

厚生労働省ホームページより

フの仕事になっていく。

医療観察法病棟への入院は、急性期三ヵ月、回復期九ヵ月、社会復帰期六ヵ月の計一年半を目安としており、治療プログラムもそれを前提に組まれている。しかし、実際には退院後の通院先や生活の調整がうまくいかず、五年以上入院するケースもある。

病棟での生活は、朝は六時に灯りがつき、朝食は八時半。夜九時の消灯までに、診察・支持的精神療法や、服薬心理教育、ボディワーク、スポーツ、生活技術講座、認知行動療法など、さまざまな治療プログラムが設けられている。

対象者が四名程度でグループになり、再他害防止を目的として、事件を振り返り、自分が行った行為の重大さを認識するための、グループセッションも行う。これはアメリカの治療共同体「アミティ」をモデルとしたもので、ドキュメンタリー監督の坂上香が、映画『ライファーズ終身刑を超えて』(二〇〇四年)で紹介している。実際に、対象者たちにこの作品のDVDを視聴させることも多いようだ。このグループセッションが日本の刑務所である「島根あさひ社会復帰促進センター」で導入されたようすは、同監督による映画『プリズン・サークル』(二〇二〇年)で描かれている。

ほかに、アルコールや薬物への依存を防ぐために、ＡＡ(Alcoholics Anonymous)、ＮＡ(Narcotics Anonymous) といった自助グループのメンバーに来てもらい、依存症の害を学ぶプログラムも月一回程度行っている。

周到に練り上げられたプログラムが組まれている生活だが、自分と向き合い、主体的に自らの医療に関わる作業を求められることは対象者にとっては重荷に感じられる行為でもあり、目の前の刑務作業に向き合っていればいい刑務所のほうがよかった、と本音をもらす対象者もいるという。また、刑期の定められている刑務所と違い、医療観察法病棟はいつまで入っているのか先が見えないことが多く、焦りをかかえることも少なくないようだ。

治療の効果が表れ、入院生活の後半である社会復帰期に入ると、退院後の生活を視野に入れた外出・外泊訓練も行われる。これらには必ず職員二人が付き添う。まずは近所のスーパーなどに買い物に行く外出訓練。それが終わると、ホテルなどに一泊する外泊訓練が行われる。また、病棟内には、この時期の対象者が擬似的にひとり暮らしを体験するための、ＩＨの調理器具がある訓練用の個室もある。

最終的な退院は、医療観察法病棟から退院の申立てがなされ、それを受けた地方裁判所の審判によって決定される。医療観察法病棟の多職種チームと、法務省の役人であり精神保健福祉士などの資格を持つ社会復帰調整官が連携し、退院後の住居や、受け入れ先を調整するが、前述のようにこれが難航して入院が長引くケースも多い。

退院後は指定された通院医療機関に通わなければならず、その地域の医師や医療スタッフによる、本人を交えたケア会議が定期的に開かれる。このような指定通院医療機関は、全国に病院が六〇三箇所、診療所が九四箇所ある（二〇二三年四月一日現在）。この通院医療の処遇は原則として三年で終了するが、症状によっては最大五年まで延長することができるようになっている。その後は、医療観察法から外れ、精神保健福祉法の枠組みのもと、同じ医療機関に通院しつづけるケースがほとんどである。

保安処分と社会復帰の狭間で

見学の後日、多職種からなる治療チームの方に集まっていただき、改めて話を聞いた。

柏木宏子医師は、入院した当初はまだ支離滅裂であったり、周囲は皆敵だという妄想の世界の中にいた対象者が、入院生活のなかで治療チームと関係性を作り、ほかの対象者の話も聞く中で、次第に認識が変わっていき、退院後は直接会う機会はなくても地域で働いたり、生活をしたりしていることを聞くと、この病棟での仕事のやりがいを感じるという。

また、朝波千尋臨床心理士はこんな経験を話す。

「家族を殺害してしまった患者の方が、内省プログラムで被害者である家族の写真を見たことがあったんです。最初はつらいし、見ることもできない。でも次第に、病気の影響があったにせよ、なぜあんなことをしてしまったのだろうと振り返り、悲嘆の中で心の整理をしていく。そういう場面に関わるというのは、この仕事でないとなかなかできないことですね」

治療チームが患者のことを話す言葉づかいは、「患者の方」「…していらっしゃる」と丁寧で、患者を尊重する姿勢がベースになっていることが分かる。

「こちらの病棟に異動してくる前は、医療観察法の対象者ってどういう人たちなのだろうと不安に思う気持ちもありましたが、実際に関わってみると、病気があり追い込まれて、孤立して誰にも相談できない状態のなかで他害行為をしている。しばらくたつと、あのときはすごくつらかったとか話してくれることがあって、そういうところがこの病棟で働いてよかったと思えるところですね」（朝波臨床心理士）

「重大な他害行為を行った人が対象者ですから、被害者の方がおられ、またこの法律に反対する方もいて、いろいろな影響がある病棟だというのはもちろん考慮しています。ですが、患者さんと接するときには、その方がどんな方で、どういう生きづらさを感じていたのか、周りの人とはどういうつながりがあったのかを時間をかけて深く聞いていく。そのことを一番大切に考えながら、仕事をしています」（和田舞美作業療法士）

「あえて理想論を述べると、答えは私たち医療者の側にではなく、患者本人の中にある。そして、相手に変わってほしければ、まず自分が変わらなければいけないということを基本スタンスとしてやっています」（柏木医師）

スタッフは全員、患者が興奮したり暴れたときにどう対処するかという、ＣＶＰＰ（包括的暴力防止プログラム）の研修を受けているという。

病棟の手厚い体制と多職種スタッフの言葉からは、患者の社会復帰を目指す医療者の志が感じられた。

なお、令和四年版の『犯罪白書』によると、刑法犯の検挙人数は一七万五〇四一人、そのうち精神障害者等の比率は〇・七％と決して高くはないが、これを罪名別に見ると、殺人では六・四％、放火では一一・四％、精神障害者等が関与している。精神科医の春日武彦によると、「精神障害者等」とは、精神障害者（送致の時点で診断が出ている者）および精神障害の疑いがある者（送致の時点では診断が下されていなかったが、言動に精神障害と思われるものがあり、精神鑑定へ回された者）の双方を指す（『心の闇に魔物は棲むか　異常犯罪の解剖学』光文社文庫）。

精神障害者のグループホームや通所施設に、「医療観察法の対象になった精神障害者」が、入所を申し込んでも、そういう人とは一緒に生活できない、と断られることがあるという。

つまり、医療観察法の対象者や元対象者は、ただでさえ差別されがちな精神障害者の中でも、さらに差別されている。社会のなかで忌避され、孤立する可能性の極めて高い人たちだ。

そんな医療観察法の対象者のことはどれだけ知られているだろうか。私も国立精神・神経医療研究センター病院の医療観察法病棟を見学させてもらうまで、彼らがどんなところで治療を受けるのかよく知らなかった。社会全体で考えれば、医療観察法という法律の存在すら知らない人が大半だろう。触法精神障害者について、たとえ無罪や不起訴になっても医療観察法病棟で入院治療が行われるということが、一般の人にはほとんど知られていない。ではどのような経緯で医療観察法は成立したのだろうか。

第三章　医療観察法の誕生

医療観察法成立

国立精神・神経医療研究センターの医療観察法病棟を取材したルポは、『中央公論』二〇二〇年六月号に掲載された。

このころ、週刊誌の仕事に久しぶりに復帰することになった。週刊誌の入稿と取材の合間を縫って、医療観察法について調べたり、取材を続けた。まず、医療観察法の成立について、過去の新聞や雑誌記事を調べてみた。

医療観察法の法案は、二〇〇三年七月一〇日、当時の与党三党である自民党、公明党、保守新党に加え、野党の自由党の賛成多数により成立した。これを報じた新聞記事は、それほど大きくなく、世間の関心がそこまで高くなかったことが分かる。

読売、朝日、毎日の三紙のうち、七月一〇日夕刊の一面に掲載したのは「毎日新聞」のみ。それもトップ記事ではない。

衆院で成立へ「入院の期限」なし　心神喪失者医療観察法（「毎日新聞」七月一〇日夕刊一面）

重大事件を起こした精神障害者の処遇を定めた心神喪失者医療観察法が10日午後の衆院本会議で可決、成立する。施行は04年の春以降の予定。

法案によると、殺人や放火、傷害致死などの重大事件を起こしたが、刑事責任能力がないとして不起訴処分や無罪となった精神障害者に対し、裁判官と精神科医の合議で入院や通院を命じることができる。厚生労働省指定の国公立病院で治療が行われ、退院の可否や通院の終了時期も裁判所の合議体が決定する。入院の期限などがないため、「患者が必要以上に長期入院させられる可能性が残る」として、関係者から批判が強かった。

法務省と厚労省、最高裁は、同法の成立を受けて①全国数十カ所の国公立病院で、10年かけて800～900床を確保するために、専門病棟の建設に着手する②患者のアフターケアなどにあたるため、精神保健福祉士らから約50人の社会復帰調整官を採用する③合議に参加する医師を各地裁で採用する④審判手続きをスムーズに実施するため、検察庁内での規定を整備する――などの対応に取り組む。

法案は、昨年12月の臨時国会でいったん衆院を通ったが、参院での審議が今国会にずれ込み、参院本会議で先月可決された後に衆院に送られていた。野党の反対が強く、昨年の衆院法務委員会で審議が途中で打ち切られて採決されるなど、委員会審議は難航した。

翌日の「朝日新聞」朝刊は三面で医療観察法の法案成立によって発足する制度の内容を紹介している。

フリーライター・森健の「ルポ　司法と医療の間で揺れる『統合失調症』」（『中央公論』二〇〇二年五月号）によると、社会の防犯上重大な犯罪を犯した精神障害者を拘禁できるという制度は、刑法改正論議の七四年、そして八一年に検討されてきたが、日本弁護士連合会などの強い反対もあり、どちらも成立には至らなかった。その流れの中、二〇〇一年一月に、法務省と厚生労働省の合同検討会が開かれる。四回目の会合を前に六月八日に起こったのが、池田小事件だった。

タナカ學、古木杜恵の「どうして精神障害者の凶悪犯罪を防げないのか？」（『ダカーポ』二〇〇一年八月一五日号）によると、この事件の翌日、小泉純一郎首相（当時）はNHKの討論番組に出演し、「法的な不備と医療の点で対応しなければならない問題が出ている」「至急、専門家の意見を聞きながら不備を正していかなければならない」と、法改正を視野に入れた対応を指示したという。

『Q＆A心神喪失者等医療観察法解説　第2版　補訂版』（三省堂・二〇二〇）の序章によれば、

二〇〇二年一月二一日～同年一〇月一七日の154国会に提出された政府案は、当初「再び対象行為を行うおそれ」を要件として強制入退院を決定するという新制度として提案されていた。しかし、同国会では、この政府案の「再犯のおそれ」は現在の科学でも正確に予測することはできず、そのような不確実な予測技術を前提に人を拘禁してゆくと本来は拘禁されるべきでない人までが大量に拘禁されることになってしまい、人権保障上耐えられない結果を生じるという批判が相次ぎ、可決に至らず継続審議となった。

そして二〇〇二年一〇月一八日～二〇〇三年一月一九日の155国会において、処遇要件から「再犯のおそれ」は削除され、これにかえて「この法律による医療を受けさせる必要」という処遇要件に変更することを中心とした修正案が提起された。

この修正案は155国会で強行採決されて衆議院を通過し、二〇〇三年一月二〇日～同年九月二五日の156国会では参議院にて委員会審議が行われた。これに民主党などの野党は反発。六月三日に行われた法務委員会では、自民党の議員が突如審議を打ち切る動議を提案。野党側議員が「こんなことが許されるのか！」と委員長（公明党）に詰め寄るなど大混乱に陥ったが、結局自民党・公明党など与党により強行採決された（『FRIDAY』二〇〇三年六月二七日号）。

こうして成立した医療観察法は二〇〇五年に施行され、二〇二三年で一八年になる。

厚生労働省のホームページによると、二〇〇五年七月一五日から二〇二一年一二月三一日までの医療観察法の地方裁判所の審判の終局処理状況は、終局処理人員総数が五七一五名。うち入院が決定したのは三九三二名。これだけの人数が医療観察法病棟に入院したことになる。なお、残りは通院決定や、医療を行わない旨の決定、対象行為を行ったとは認められない、心神喪失者等ではない、とされたケースなどである。

二〇二三年四月一日現在、指定入院医療機関は三五箇所（八五六床）、指定通院医療機関は四〇六九箇所に及ぶ。

制度としては、医療観察法は日本社会の中に定着しつつある。しかし、国民の認知度はどうか。私が本書の執筆中、仕事の関係者に医療観察法についての本を書いていると話しても、そもそも医療観察法を知らない人がほとんどであった。

「納得できない」憤る遺族

医療観察法の対象となる事件は、たとえば殺人の場合、事件が起こったときは新聞やテレビで報道されても、心神喪失や心神耗弱で不起訴や無罪になると、そのことが小さく報道され、その後は一切マスコミで報じられなくなるのが通例だ。

二〇一九年一二月五日。東京高裁で、三四歳の男性に無期懲役の判決が言い渡された。二〇一五年に埼玉県熊谷市で六人を相次いで殺害したペルー国籍の被告。一審のさいたま地裁の裁判員裁判では死刑判決が下されたが、高裁では、被告は事件当時統合失調症による被害妄想の影響で責任能力が著しく欠けた心神耗弱状態だったと認定され、減刑を行った。

この判決を聞いて、事件によって妻子三人をなくした男性は、「やりきれないし、納得がいかない」「家族にどう報告したらいいのか……生きる気力がなくなったというのが今の気持ちです」と会見で悲痛な胸の内を語った（「朝日新聞デジタル」二〇一九年一二月五日）。一二月一九日、東京高検は上告しないことを明らかにし、刑が確定した。

また、二〇二一年一一月四日、神戸地裁は、二〇一七年に神戸市北区の住宅地で親族や近隣住民ら三人を殺害し、二人に重傷を負わせたとして、殺人や殺人未遂などの罪に問われた三〇歳の被告に対し、無罪判決を下した。

起訴状などによると、被告の男性は二〇一七年七月、同居する祖父母と近所に住む女性の三人を包丁で刺すなどして殺害したほか、母親ら二人を殺害しようとした罪などに問われていた。裁判員裁判で男性は起訴内容を認めていたが、弁護側は当時、精神疾患による妄想や幻聴で犯行におよび、「心神喪失」の疑いがあるとして無罪を主張。一方、検察側は「心神耗弱」にとどまると主張し、無期懲役を求刑していた。

神戸地裁は、「自分と知人以外が、人間の姿はしているが感情がない存在〝哲学的ゾンビ〟であるという妄想などの影響で犯行に及んだと考えられ、心神喪失であった疑いが残る」として、男性に無罪を言い渡した。

「朝日新聞デジタル」（二〇二一年一一月四日）の記事によると、公判では、被告の行為に争いはなく、検察、弁護側双方とも、被告が「哲学的ゾンビ」を殺せば知人女性と結婚できる、という妄想を抱いていたという点でも一致。刑事責任能力が争われた。

神戸地検は起訴前に二度、被告の鑑定留置を求め、医師二人に精神鑑定を依頼した。一人目の医師は、被告が「哲学的ゾンビ」を人ではないと思っていたため、「人を殺してはいけない」という規範に直面していなかったと分析。二人目の医師は、被告には妄想を疑う気持ちがあり、精神状態の悪化は「中等度」にとどまると判断した。

検察側は二人目の見解に基づいて被告を起訴したが、判決は一人目の医師が一一回の面接を行う一方、二人目は被告が面接を拒んだため五分程度の面会が一回あるだけで、「信用性を認めることはできない」とした。

以下は、この事件を報じた新聞記事である。

「被告は治療を」裁判長が説諭、遺族「納得できない」神戸5人殺傷（「朝日新聞デジタル」二〇二一年一一月四日）

神戸市北区で2017年7月、住民3人が殺害され、2人が重傷を負った事件。殺人や殺人未遂などの罪に問われた被告（注・元記事は実名）(30)に対する公判は、刑事責任能力が争点となり、神戸地裁は4日、無罪を言い渡した。

飯島健太郎裁判長は被告に対し、「判決の内容をよく聞いてほしいので、主文を後回しにします」と述べ、判決理由を先に朗読した。判決を言い渡した後、被告に「無罪にはなったが取り返しのつかないことをしてしまったことには変わりはない。そのことを忘れずに病気の治療にあたってほしい」と説諭した。被告は3人の刑務官に囲まれて前を向いて座ったまま、しばらく動かなかった。

公判では、検察、弁護側の双方とも、被告が5人を殺傷した行為については争いはなかった。刑事責任能力がない「心神喪失」の人の行為は罰しないと定めている刑法39条について、元刑事裁判官で法政大法科大学院の水野智幸教授は、「犯罪行為をした人自身に『これが犯罪だ』という自覚がなければ、刑罰ではなく治療が社会にとって良いことだという考え方に立っている。これは、近代法の大原則だ」と指摘する。「今回のケースでは、被告が社会にいきなり出ることはなく、入院などの措置がとられると思う。感情として受け入れるのは難しいかもしれないが、刑法の考え方からすれば、やむを得ない判断だ」と述べた。

■傍聴席から怒号「人を殺して、どうして」

今回の裁判員の一人で、判決後に記者会見に応じた神戸市の男性会社員(46)は「世間の方々、ご遺族、被害者の方々には納得できない結果になったと思いますが、日本の法律上、心神喪失状態で無罪になったことは、ご理解いただきたい」と話した。

一方、無罪判決が言い渡されると、傍聴席からは怒号が上がった。傍聴に来ていた遺族の一人という男性は報道陣に「驚きで何も言葉が出てこない」と話した。裁判所を出る際、「人を殺して、どうして死刑にならないのか。こんな判決は聞いたことがない」と叫んだ女性もいた。

亡くなった女性（注・元記事は実名）（当時79）の長女と長男は「ただただ絶望しています。何の罪もない3人が無法に命を奪われたのに、犯人は法律で命を守られたことには到底納得ができません。私たちと同じような思いをする人がいなくなるよう、責任能力という制度と運用を、見直すきっかけにしてほしい」とのコメントを出した。

事件で重傷を負った女性（69）も代理人弁護士を通じてコメントを出し、「判決を聞いて、がくぜんとしました。4年間かけてようやく取り戻しつつあった安心と生活が一気に崩れ去りました。今後が不安でなりません。検察には控訴を検討していただきたい」とコメントを出した。

神戸地検の山下裕之・次席検事は「判決内容をよく検討し、上級庁とも協議のうえ適切に対応したい」としている。


この事件を報じた記事が「Yahoo!ニュース」に掲載されると、三〇〇〇件近くのコメントがついた。そのほとんどは、殺人を起こしながら刑事責任能力がないとされると罪に問われないという刑法の仕組みに対し、納得できないと憤るものだった。

家族を殺害されながら、犯人が無罪となった遺族の心中は察するに余りある。

ただコメントを見ていると、心神喪失や心神耗弱で無罪や不起訴になった場合、医療観察法病棟で治療を受けるということを知らないでコメントしていると推測される人が非常に多い。無罪になるとすぐに一般社会に出ると誤解している人がかなりの率にのぼる。

医療観察法の成立から二〇年近くたちながら、その制度や医療観察法病棟のことがほとんど知られていない。刑法三九条に対する批判があることはもっともだが、実態が知られていないことによる誤解も、解く必要があると感じた。

心神喪失とは何か

法に触れる行為を行った精神障害者である触法精神障害者の問題は、市井の会話ではもちろん、マスコミも避けて通ることが多い。触法精神障害者には刑事責任能力を有するものも含まれる。このなかで心神喪失または耗弱で、医療観察法の対象となった精神障害者を医療観察法対象者という。

触法精神障害者について、『精神障害者をどう裁くか』（光文社新書）などの著書もある精神科医の岩波明は、次のように語る。

「もともと精神疾患、特に統合失調症については古くからタブー視されてきた歴史があるなかで、さらに偏見が強くなる。精神障害者の犯罪となるとその時点で報道がストップしたり、犯人の名前が出なくなったりするので、議論を行う余地もなくなってしまう。偏見が強い上に議論自体ができなくなるということが、触法精神障害者をめぐるタブー性を強めているのではないでしょうか」

そもそも、精神障害者の行為が無罪になったり減刑されるのは、第二章でも触れた通り、刑法三九条の規定に基づいている。先述した通り、そこには、このように書かれているのだ。

一　心神喪失者の行為は、罰しない。
二　心神耗弱者の行為は、その刑を減軽する。

『精神障害者をどう裁くか』によると、「心神喪失」および「心神耗弱」という用語は日本独自の法律用語であり、次のような状態を指すとされている。

「心神喪失とは、精神障害によって理性的な判断ができない状態、および理性的な判断によって行動することができない状態をいう。つまり（略）責任能力がない状態である。心神喪失においては、刑法上その責任を追及することができないために、刑事裁判では無罪の判決が下る。

また心神耗弱は、心神喪失ほどでないにしろ、理性的な判断をする能力、あるいは理性的な判断によって行動する能力がかなりの部分失われている状態である。これを限定責任能力と呼ぶ。心神耗弱においては、刑罰が減刑される」

責任能力とは、「自分の行為の善悪に関して適切に判断する能力」のことである「弁識能力」

と、「その判断に従って自分の行動をコントロールする能力」である「制御能力」を合わせたものであり、それが失われた状態を「責任能力がない」状態と呼ぶ。精神障害者の犯罪を責任能力がない状態で行われたものとして、刑罰を減免する制度は、諸外国でも古くから取り入れられていると、岩波医師は説明する。

精神障害者の犯罪行為や他害行為はどのような法学上の考えのもと減刑されるのか。医療観察法病棟で触法精神障害者に携わる仕事も長く務め、『精神障害法』(三省堂)の著書がある池原毅《よし》和《かず》弁護士は次のように話す。

「この考え方の基本には、法は不可能なことを人間に要求しない、という近代の法律の大前提があります。つまり、責任というのは、あくまでそのときに注意したり努力すればそのような結果にならずにすんだはずのところ、そうしなかったときに生じるものであると。だから物事の是非が弁別できなかったり、自分が悪いことをしないためのコントロール能力を失っている場合は、責任能力が生じない、ということができるのです」

事件当時統合失調症の状態にあり、責任能力がないとされたケースでは、妄想や幻覚に頭の中を支配され、周囲からつけ狙われ責めたてるような声に追い詰められて手を出してしまったと加害者が主張する、などの事例がある。このような状態においては、善悪が判断できず、本人が自分の行動をコントロールできていないため、責任能力なしと認定されて、無罪になったり減刑されるというわけだ。

もっとも池原弁護士によると、一般の人のイメージに比べると、責任能力がないと認められる事例は少なく、たとえ統合失調症であっても、実刑となったケースもかなり存在するとのことである。

前述のように、精神疾患による責任能力の有無が議論された二〇〇一年の池田小事件の宅間守元死刑囚には「責任能力が認められる」という鑑定結果が出ている。そして、二〇一六年に発生し、二〇二〇年に死刑判決が言い渡された相模原障害者施設殺傷事件でも、同様である。

植松聖《うえまつさとし》死刑囚は、神奈川県相模原市の知的障害者福祉施設「津久井やまゆり園」で入所者一九人を殺害した。裁判で弁護士は、植松は大麻精神病により心神喪失あるいは耗弱の状態にあり、刑事責任能力はなかったと主張。これに対して検察側ばかりか、植松被告本人も責任能力はあると主張した。その後、植松死刑囚の責任能力は認められ、二〇二〇年三月一六日に死刑判決を言い渡された。弁護士が控訴するも、本人が控訴を取り下げ、同月三一日に死刑が確定している。

この裁判経緯について、東海大学法学部の柑本美和《こうじもとみわ》教授は、「この事件の場合、弁護側は、責任能力を争う以外に、弁護の方針の立てようがなかったのでしょう」と語る。統合失調症などの精神疾患があるかどうかは鑑定医の所見によって変わり、また、統合失調症だからといって、必ず心神喪失あるいは心神耗弱とされるとは限らない。

岩波医師が解説する。

「医療観察法ができるまでは、重罪を犯した精神障害者も、犯罪を犯していない他の精神障害者と一緒に、措置入院という仕組みで一般の精神科病院に入れられていました。触法精神障害者を対象とした医療観察法という仕組みが存在しないのは先進国では日本だけだったという恥ずかしい状態であったので、法務省としても医療観察法をかねてから作りたかったのだと思います。それが池田小事件をきっかけに医療観察法ができて、心神喪失で無罪になった精神障害者は医療観察法病棟で治療を受けるというシステムになりました」

他害行為を犯した精神障害者が医療観察法病棟に行くまでのプロセスについて、池原弁護士が説明する。

「まず、逮捕されて、警察署の留置所に勾留される逮捕勾留の期間が合計で二三日ほどあります。その間に、検察官が起訴にするか不起訴にするか決めるのですが、責任能力がなかったり、限定責任能力しか認められないということで不起訴または起訴猶予にしようということになると、裁判所に対して医療観察法の申立てをします。そうすると裁判所が精神鑑定をするための鑑定入院を命じ、その鑑定結果に基づいて医療観察法病棟に入院させるかどうかが決定されます。医療観察法病棟への在院日数は、制度ができた当初は一年半が目安とされていましたが、最近は長くなっていて、五年を超えることも珍しくないですね」

治療プログラムはもともと一年半を目処に設計されたものであるため、入所が長引くと同じプログラムを繰り返し行い、入所している対象者が目的を見失いがちになる傾向もあるという。

医療観察法病棟を退院してからも、対象者は決められた指定医療機関に通院しなければならず、定期的に多職種チームによるケースカンファレンスが行われる。許可なく遠くに行ってはいけないなどの制限もあり、このような生活の管理は、医療観察法の下での処遇期間が終了するまで続くことになる。

マクノートン・ルール

心神喪失という概念が最初に法律に組み入れられたのは、イギリスだと言われる。いわゆるマクノートン・ルールである。

マクノートン・ルールとは、一八四三年に起きた事件を契機に定められた、精神障害者の責任能力に関する考え方である。

『精神障害者をどう裁くか』によると、スコットランド生まれの工員であり、統合失調症患者であったダニエル・マクノートンが、当時の首相の秘書を射殺。この裁判において、検察は、彼は正邪の区別ができる知能を持っているので免責はできないと主張。これに対し弁護側は、部分的妄想であっても精神機能全体が影響を受けており、免責すべきであると反論。陪審員が「精神疾患により無罪」という結論を出したものである。この結果、マクノートンはまずベスレム王立病院に入院、のちに特殊病院のブロードモアに転院してそこで生涯を終えた。

これを契機として、事件の裁判長であったティンデル卿を中心として、精神障害者の責任能力に関する原則であるマクノートン・ルールが作成された。その内容を、同書から引いてみる。

1　妄想の影響で行為している人であっても、もし犯罪を行った時点で法に反した行為を行っていることを自覚していれば、法的責任がある。

2　すべての人は、そうでないと証明されない限りは「sane」（正気）であり、自らの犯罪について責任を負うに十分な理性を持つと仮定される。

3　精神疾患による責任無能力が成立するには、犯行時、被告人は、精神の疾患によって、自分の行っている行為の本質と性質を知らないほどに、あるいはもしそれを知っていたとしても、自分は邪悪なことを行っているということを知りえないほどに、理性を欠如していることを明白に証明しなければならない。

4　部分的な妄想を持つ人に関しては、その妄想に関する事実関係は現実にそうであると見なされる（つまり、部分的妄想を持つ被告人の責任能力を判断する場合は、被告人の妄想を現実に存在するものと仮定することによって判断を行う。例えば、被告人がある団体から命を狙われているという妄想を持っている場合、その妄想を「事実」としてみなし責任能力を判断すべきであるということである）。

責任能力の定義

東海大学の柑本美和教授は、日本における責任能力の判定基準と、医療観察法制定にいたるまでの経緯について次のように説明する。

「日本における心神喪失と心神耗弱の定義のもととなっているのは昭和六年一二月三日の大審院判決です。これは、被告人が、耕作地の境界を争って折り合いが悪かった被害者らの頭部等を鎌で殴打して傷害を負わせた事件の判決なのですが、現代文に書き改めて引用すると以下のようになります」

心神喪失とは、精神の障害により事物の理非・善悪を弁識する能力またはこの弁織に従って行動する能力のない状態をいい、心神耗弱とは、精神の障害がまだこのような能力を欠如する程度には達しないが、その能力の著しく減退した状態をいう（大判昭和六年一二月三日刑集一〇巻六八二頁。注・大判とは大審院判決のこと）。

簡単にいうと、心神喪失とは、行為時に精神の障害によって良いことか悪いことかを判断する能力または、その判断に従って行動をコントロールする能力が欠如している状態であり、心神耗弱とは、精神の障害によって良いことか悪いことかを判断する能力または、その判断に従って行動を止める能力が欠如しているわけではないが、著しく減退している状態のことだと柑本教授は説明する。

心神喪失、心神耗弱というのは、精神医学上の概念ではなく、法的な概念であり、法律判断である。そのことは、昭和五八年九月一三日の最高裁決定で明確に示されている（最決昭和五八年九月一三日判時一一〇〇号一五六頁。注・最決とは最高裁決定のこと）。これは、覚せい剤使用歴のある被告人の空巣窃盗事件の控訴審で、幻聴の存在を肯定して心神喪失とする鑑定および心神耗弱とする鑑定が出されたにもかかわらず、幻聴に支配されて犯行に出たとは認め難いとした原判決を肯定した際に示されたもので、その一九八三年九月一三日の最高裁決定には次のように書かれている。

被告人の精神状態が刑法三九条にいう心神喪失又は心神耗弱に該当するかどうかは法律判断であって専ら裁判所に委ねられるべき問題であることはもとより、その前提となる生物学的、心理学的要素についても、右法律判断との関係で究極的には裁判所の評価に委ねられるべき問題である。

「責任能力とは、法の命令や禁止の意味を理解して、違法な行為を思いとどまることのできる能力であると考えられています。この能力があるからこそ、その行為はやったら悪いことだと思って、やる前に思いとどまる。思いとどまることができたはずの行為だから、責任能力のある人には刑罰を科すことができるわけです。精神障害のために責任能力がない状態が心神喪失、著しく減退している状態が心神耗弱ですが、これは医学的な判断ではなく、法律上の判断であり、裁判官が判断する事柄であると、この最高裁決定は言っています。

精神障害の有無や程度等をいちばんよく分かるのは精神科医なので、裁判官は精神科医に精神鑑定を行わせます。しかし、鑑定結果を尊重したとしても、最終的に判断するのは裁判官であって、鑑定に拘束されるわけではありません。裁判官は、心神喪失か心神耗弱かを被告人の犯行当時の病状、犯行前の生活状態、犯行の動機・態様等を総合して判定することができるのです（最決昭和五九年七月三日刑集三八巻八号二七八三頁、最判平成二〇年四月二五日刑集六二巻五号一五五九頁、最決平成二一年一二月八日刑集六三巻一一号二八二九頁）」

人を殺傷した事件の犯人に責任能力があるかないかは、医療的な判断のみで決めるのではなく、裁判官が規範的な立場から判断を加える。つまり、たとえ医学的には精神障害の状態であると思われても、責任能力があるとされて実刑判決が出るケースはあるということだ。

それでは、実際に責任能力がないと認定された人は、どのような言葉で犯行を語るものなのだろうか。まだ実際に対象者と話したことのなかった私は、そこが知りたかった。

第四章　医療観察法病棟の内側から

本人にとっては妄想が真実として映るということ

ライターというのはいつ仕事がなくなるか分からない不安定な職業だが、普通の会社員生活には不適応を起こしてしまう私のような人間には性に合っていたのだろう。ここまで生活を成り立たせてこられたのは、たまたま環境に恵まれ、巡り合わせがよかったのだという思いが私の中にある。

転職に失敗し、どん底に陥った時期に、ほかにもいくつかダメージ要因が重なったら、調子を崩して働くことができなくなっていた可能性だってある。そう考えると、精神障害に陥るかどうかも、人生における巡り合わせにすぎないと思えてしまう。

統合失調症は二〇歳前後の比較的若い時期に発症することが多い。生涯有病率は〇・七％程度といわれ、一〇〇人に一人よりも若干少ない割合で、この病気を生涯のうちに経験することになる。急性期を過ぎれば症状が落ち着くことが多いが、その後も疲れやすい、集中力が続かないなどの障害が残ることや、二〇歳前後の時期に学業・仕事が中断すると、その後の職業生活に支障をきたすことも多い。だが、現在は障害者総合支援法や障害者雇用促進法といった枠組みの中、就労訓練を受けたり、障害者雇用の制度を使ったりして、一般の企業で働く人も増加している。

統合失調症の発症時における患者の変化、内的世界を、精神科医である中井久夫の著作は実に見事に表現している。その一冊である『統合失調症1』（みすず書房）は、まだ「精神分裂病」と呼ばれていた時代に書かれた論文を、病名の表記を「統合失調症」に訂正して収録したものだが、いまでも非常に参考になる。それによると、統合失調症の発病過程においては、「全然食べず眠らないことが多くなり、身体が急速に消耗するのに、それが病者の意識に苦痛として覚知されない」「聴覚過敏、超限的記憶力増大感」「一種の超脱感があり、あらゆる可能性が一望の下に収められるような感じがあるように思われるが、もはやそれを口に出していうことはできない」「強烈な『発見感』もありうるし、人によっては『ついに悟りに達した』と思うこともある」「いずれにせよ思路の無限分岐はやがて統制を失い、思考の凝塊化、思路の混乱、途絶の出現となる」などなど……。

このような特殊な精神状態のなかで患者は妄想にとらわれ、幻聴が聞こえるようになり、通常ではありえない行動に出たりする。他害行為を行う人はその一部であることは強調しておくが、心神喪失というのはそのような正常な思考ができなくなった状態が昂じて出現するものであることは理解しておく必要がある。

主人公が本当のことを言っているのに、周囲に妄想だと思われて、精神科病院に入れられてしまう、という展開の映画がある。『ターミネーター2』（一九九一年）では、ヒロインであるサラ・コナーが、未来では人類と機械の戦争が起こり、人類は滅亡しかけていると訴え続けて、精神科病院に入れられている。サラ・コナーの言っていることは事実なのだが、誰に話しても妄想だと思われる。この映画を見た時、本当のことを言っているのに精神疾患として扱われて強制的に入院させられたらどんなにつらいだろうと思ったことを覚えている。

似たような展開はほかにもあって、たとえばアンジェリーナ・ジョリー主演の『チェンジリング』（二〇〇八年）では、行方不明になった子どもが帰ってきたら別人になっていたと訴えた主人公が精神科病院に入れられる。また、統合失調症を患いながらもノーベル経済学賞を受賞した実在の経済学者ジョン・ナッシュの人生をもとにした映画『ビューティフル・マインド』（二〇〇一年）は、統合失調症患者が妄想と現実の区別がつかないさまを見事に表現していた。

統合失調症の患者本人にとっての認識というのは、まさにこの映画の主人公たちが体験したように、「自分にとってはまぎれもなく現実なのに、だれもそれを現実だと信じてくれず、妄想と決めつけられ、強制的に入院させられる」といったものかもしれない。その状態から、病識、つまり自分が病気であるという認識をいかに持ってもらうかというのが、その後の治療における課題となる。

統合失調症の急性期における妄想は、第三者から見ると極めて不合理なことでも、本人にとっては圧倒的な現実として迫ってくる。しかしその一方で、適切な治療を受け、服薬して睡眠と休息を取り、症状が落ち着くことで、それまでの強烈な妄想が解け、あれはなんだったのだろう、と正気に返ることもよくある。それこそが入院治療が必要であるゆえんなのである。

対象者との一問一答

二〇二〇年一二月、ある医療機関の協力で、医療観察法病棟への入院を経験し、現在通院処遇にある対象者へのインタビューを行うことができた。ただし、直接ジャーナリストから質問を受けるのは不安だということで、私が事前に用意した質問を医師が読み上げ、それに回答する現場に私が立ち会うという形式になった。協力してくれた医師は、私が用意した質問以外にも、適宜、質問を追加して対象者の本音を引き出してくれた。

なお、採録にあたり、聞き取りにくい箇所を前後の文脈から補ったり、文章として読みやすいように整理するなどの構成を施した。一部、個人情報に関連する固有名詞などは伏せ字にした。

回答してくれた対象者はインタビューの一年ほど前に医療観察法病棟を退院した、穏やかな話し方をする五〇代の男性である。

——医療観察法の処遇を受けるきっかけとなった事件を起こしてしまったときに、自分はどのような状態だったと思いますか？

統合失調症の症状が出て、暴れちゃうほど変な状態になったあとだったんです。そんなことしたら困るのは自分なのに、両親を家から追い出しちゃったり、元気が出すぎて自転車で走り回ったり。あと、信じてもらえるかどうか分からないけど、霊にいじめられたり、悪魔とかも出て来て、本当にいろんなことがあった。

——元気すぎたりもしたけどつらい時期だったんですね。医療観察になった事件はどういうものだったのか、差し支えない範囲で教えてもらえませんか。

僕はX（宗教団体の名前）に入っていたんだけど、そのときは、そこで一番偉い人に挨拶してやめようと思って、その場所に行ったんですね。そうしたら青い自転車に乗った人がぱっと現れて、命令されたような感じで、やっちゃったんですよね。人間の肉体を刺した感じじゃなくて、血も出ていないように見えていろいろ変だったんだけどね。そのとき、Xの偉い人が門を開けちゃって、僕に刺されたあとで、ばーっと走ってったんですね。僕はどうしたらいいか分からないから、その偉い人の家の周りを一周したらね、反対側のところに来たときに、ギャッて声が聞こえて、なんだろうと思って見たら、その人もいないし血の跡もなくてよく分からない。狐につままれたような感じでね。これは信じてもらえるかどうか分からないけど、そのとき僕には魔王っていうものすごく強い霊がいて、それに操られてたって、これは魔王が自分で言ったんですよね。「魔王がそういう気持ちにさせたんだ」って。

――魔王が？

刺しちゃったでしょ。僕がなんで刺したかっていうのは動機がないんだよ。だから自分でも不思議だったんだけど、魔王がXをつぶすのに僕を操って何かをやろうとしたらしいんだよ。たぶん魔王がXに復讐したかったのかもしれない。

――魔王がXに復讐したかった？

魔王はね、霊を使いまわすんですよ。それで魔王は怒っちゃって、僕を使って復讐するのを考えついたらしい。そのあと警察につかまったら、電気椅子みたいに柵があってそこが電気でピリピリしてんのね。警察の人は目がうつろになって、変な状態になったけど、僕はなんともなかった。不思議だけど霊が部屋に集って死んでたかもしれない。「その警察の人はおかしくなってる」って霊が言ってきた。そういうふうに情報を流している霊とか、いろいろいるんでね。

――魔王だけでなくて、いい情報を流してくれる霊もいるんですか？

そう。「悪魔もいまは眠たいんだ」って言ってね。いまでも僕が病院とか作業所に行くときに、あれ忘れた、これ忘れたって言って邪魔してくるんで、思いきってふりきって行くか、グループホームに電話かけるかしてたんだよね。最近は水は止めたか、電気は消したかってメモでチェックして、確認するようにしていて、それからは治ってるんですけどね。

——出かけようとすると、悪魔から「忘れ物があるぞ」って言われるんですね？

そう。それは本当に困った。一回部屋に戻ると、バスに乗り遅れちゃうんだよね。それでグループホームの職員さんに車で送ってもらったことが何度かありました。

——じゃあ今も悪魔がいろいろ言ってはくるけど、前よりは少なくなったんですね。

そう。この病院で出してくれるワイパックスっていう薬が、悪魔が入ってくるのを追い出してくれるんですよ。そういう作用がある薬なんで、今朝も飲んできました。

——なるほど。今日は悪魔対策をしてきたんですね。

悪魔がお腹から入ってくると気持ち悪くなっちゃうからね。

——医療観察法の入院になる前、鑑定入院中とか、審判が行われている間はどんな調子だったんですか。

ベッドで寝てばっかりだったんで体力が落ちた。あと、看護師さんが言うには、僕の入った部屋は一番悪いやつが入る部屋で、別の部屋に移ったら、そこは二番目に悪いやつが入る部屋らしいんだよね。

——悪いやつっていうのは具合が悪いっていう意味？

いや、よく分からないけど……。

——悪い人だと思われていたということ？

実際に人を刺したなんて言ったら、悪い人だと思われるのかもしれないけどね。僕としては、霊の復讐に使われちゃったって感じなんだけどね。

――入院したときには、医療観察法の制度の仕組みとか、入院期間がどのぐらいになりそうかということについて、どんなふうに説明されましたか？

急性期三ヵ月、回復期半年ですか（注・実際に標準とされている回復期は九ヵ月）、社会復帰期半年で出ていくって言われたけど、どうなるかよく分からなくてね。大学入試受けて大学に受かって東京に出てきた若い人は、そのときにひとり暮らしを経験するけど、僕はいまごろひとり暮らしになるというのは不安でしたね。

――退院後、ひとり暮らしになるのが不安だったということですか。

障害年金はもらっていたけど、退院したら生活保護にならないと暮らせないので、ケースワーカーの人が「ちゃんとやるから」って言ってくれたけど、ずっと不安でしたね。

――ひとり暮らしの不安と、お金の不安があったんですね。

お腹の調子も悪かったからいやだったのに、看護師さんが無理矢理外に連れていったんですよ。最後には、「今回の外泊が終わったらもう練習することがない、退院してグループホームに住むことに決まった」と言われたんで、断る理由がないので、いちかばちかで退院しました。看護師さんたちが強引に引っ張ってくれなかったら、下手したら一生精神病院にいたかもしれないね。

――退院したくはならなかったんですか。

いままでの入院は早く退院したいと思ったけど、ここはそういう気持ちにならなかったですね。

――医療観察法の病棟は居心地がよかったですか。

そうですね。最初に急性期の部屋に入ったとき、救われたと思った。個室で、プライバシーもあったし、夏祭りとかクリスマスの行事もあったし、前の精神病院よりよかったですね。普通は精神病院で個室を与えられると、お金がすごく高くなるんですよ。

――個室料のことですか。

ええ。障害年金もみんななくなっちゃうくらいで。最初に別の病院に入院したときは、薄暗い保護室に入れられて、いまが何時かも分からなかったくらいで。いまの病院でもつらかったことは、まああありましたけど。体調の悪さとか病気はそう簡単にはなくならないんで。

――医療観察法の病棟はあなたにとってどのような場所でしたか。安心できる場所でしたか。それとも、閉じ込められている感覚の強い、息苦しい場所でしたか。

個室は安心できる場所だけど、玄関との中間にある扉では息苦しさを感じてね。そこが開いていると外に行けると思うから、歩いていって、閉まっていると戻って。閉鎖病棟だからそういう感じを受けるんだよね。

――入院中、外に出られるまでの年月は長くて待ち遠しいものでしたか。

今回は退院して両親のいる家に帰るのは諦めていたんですよ。だから精神病院を出たいといっても、出たあとの生活がどうなるかというのが不安でしたね。

――内省プログラムはどのようなもので、それについてどう感じましたか。

簡単に言うと三ヵ月の間毎週一回、入院している人三人と看護師さん入れて四人で、自分の人生について書いたり、病気とか家族のことを話し合ったりしました。最初に刑務所で終身刑になっている人のビデオをみんなで見るんだけど、アメリカの凶暴な囚人が出てくるので、そんなに脅さなくてもと思った。法を犯して捕まった人が、自分はこれだけよくなったってアピールするんだけど、刑務所から出るのが認められるかどうか分からない。このビデオは自分がやったことと比べてどうなのかと思ってましたけどね（注・第二章で紹介した『ライファーズ　終身刑を超えて』のことだと思われる）。

――内省プログラムで事件のことを思い出したり、自分を見つめたりというのはつらくなかったですか。

そうですね。ただ僕がやったことは自分で実感がないんですよ。本当に魔王の霊が「お前を操った」って言ってきたの。不可解な事件になっちゃったなと思ってね。だって刺したその人が憎いのでもなんでもないからさ。強制されて刺しちゃったわけだから。

――ほかに病棟で経験したプログラムで、印象に残っているものはありますか。

統合失調症には急性期と回復期があって、自分はいまどの時点にいるとか、そういうのは教わったけど、その説明は自分にはあまり合わないと思った。そんな区分けがあるとは知らなかったね。あとは精神病院ではなんで便秘するかとかも教えてもらった。

――薬の副作用の話ですね。

かーっとなるのを抑えるための薬が、腸の運動も抑えてしまって、便が出にくくなるんですよ。そのかわりかーっとなって暴れるのはなくなるって。そういうものなんだと思ってね。だから僕は精神薬を飲むようになってからは下剤使ってた。

――病棟にいるときは家族との面会や手紙のやりとり、電話はできましたか。

できました。

――外出や外泊のときに不安はありましたか。

最初の外出では病院の隣の駅まで行って、買い物ついでに銀行で記帳して、ドキドキだったけど、なんとか大丈夫だった。だけど二回目のときに外出先で便が出ちゃった。トイレには間に合って漏らしたりはしなかったけど、やっぱり外でも出るんだと思って、それは不安だった。

――病棟には何年入院していたんですか。

四、五年いたんじゃないかな。一〇ヵ月くらい一度も外出しない期間があった。

――途中で調子を崩したときですね。

まあねえ。

――医療観察法病棟に入る前と後で、自分はどう変わったと思いますか？

前はご飯を盛るときに人が横入りしてくるくらいで、頭がかーっとくる変なのがあったんだけど、それに対して、別に大したことないじゃないかって自分に言い聞かせるのが何回かあって、だんだんかーっとくるのが少なくなってきましたね。最近はほとんどない。

――ちょっとしたことでかーっとくるのは治まってきたんですね。

大体それが、自分がかーっとなるというより、外から何かが来てそうなっているという感じなんです。冷静な自分がいるのにかーっとくるというのは変な感じでね。また霊にやられたのかもしれないし。治ってきたので嬉しいですけど。

――退院にあたっては、どのような準備がありましたか。

段ボールを用意してもらって、荷物の整理して。一〇箱くらいあったかな。不安だったけど、退院を断る理由もなくなっちゃったし。決まったら走り出すんですけどね。

――グループホームへの宿泊体験もあったのですか。

二、三回あった。宿泊とまではいかないけど、見学ね。

――いまはどういう生活をしているのですか。

障害年金もらっていて、仕事はまだしていない。昔、配送の仕分けの仕事はしたことあるけど、フルタイムの仕事は、便通の心配で無理だしね。一回デパートでアルバイトしたんだけど、一〇年ろくに歩いてなくて足の皮が柔らかくなっちゃったのか、皮膚が破けて、やめざるを得なかった。いまは週二回、住んでいるグループホームからバスで一五分くらいかけて病院のデイケアに行って、朝から午後三時まで過ごしてます。入院中にもあったようなプログラムで、歌ったり、英会話もやったり、あとはみんなで音楽で踊るのがあるんだけど、やっただけで便意をもよおしちゃって、これはやらないほうがいいと思いました。

――デイケアがない日はどうしてるんですか?

体調を見て、テレビを見たり本を読んだり。あとは散歩して、スーパーで買い物をする。

――通院処遇について、要望とか不満はありますか。

特にないです。病院に診察に来るときは、待ち時間が多少長いけど、それは仕方ないですね。

――医療観察法制度について、不満や変えてほしいことはありますか?

いまのところないです。

――逆に医療観察法の治療で自分にとってよかったというのはありますか?

便通に不安のある人が、それを克服するために外出してみるというプログラムもやった。それが結果的によかったから退院できたんだけど。

――世間では医療観察法について、どのように受け止められていると感じますか。あるいは、まったく知られていないと感じますか。

普通の人は医療観察法っていっても知りませんよね。

――医療観察法について、医療スタッフ以外の関係者と話をしたことはありますか?

同じデイケアに通っていて、入院中も一緒だった人が、クロザリル飲んでいるから副作用でよだれが出て枕元がびちょびちょだ、とか言ってました。僕も薬の副作用で便秘になって、下剤で出しているから、毎朝下痢になる。今度クロザリルの血液検査が二週間に一回から四週間に一回でよくなるって聞いた。通院のついでに床屋に一緒にいける日取りのままだったらいいな。

――クロザリルの血液検査があるから、今は二週間に一回の通院が必要ですが、四週間に一回ですむならそのほうがいいですか？

それはもう、基本的には長い期間で薬をもらってそんなにしょっちゅう行かなくていいほうが楽ですよ。

あとね、薬をクロザリルに変えるとき、こんな副作用がありますという説明をいっぱい受けたんだけど、そうじゃなくて、この薬を飲むとこういうことが良いです、と言ってくれないと積極的になれないよね。でも前は、へんなところでかーっとなって、操られているような感じがあったんだけど。それは悪魔のしわざかもしれないけど、あれは困りましたよね。

――そういう、かーっとなるのは、クロザリルを飲んでから少しは減ったんですか？

クロザリルは効いていると思います。

クロザリル（一般名：クロザピン）は、従来の治療薬で十分な効果が得られない、または、副作用のために十分に薬を増やせないという、「治療抵抗性統合失調症」に対して治療効果が認められている薬である。免疫力に関係する白血球の一つである「顆粒球」が減少する、血糖値が上昇するなどの重篤な副作用が生じる可能性があるため、定期的に血液検査を受け、血球数や血糖値などを確認する必要がある。

『Q&A心神喪失者等医療観察法解説　第2版　補訂版』（三省堂）には以下のように書かれている。

「クロザピンは1970年代にヨーロッパで使用され始めたが、無顆粒球症という致命的な副作用があることがわかり、販売が中止されたが、モニタリング技術の向上によって日本では2009年に承認されて使用されるに至った。クロザピンは薬についての講習を履修し、クロザピンの情報や緊急時の対処を含めて十分な知識を習得し、審査を通過した医師だけが処方でき、使用に当たっては、血液内科との連携により定期的な血液検査等を行うなど厳しい条件を満たす必要がある。そのためクロザピンを処方使用できない精神科病院も多いのが現状であり、指定入院医療機関で使用を開始してみたものの、帰住先近辺に使用できる精神科病院がないため、指定通院機関や帰住先の調整が難航し、入院が長期化する事態も生じている」

もっとも、現在はクロザピンを処方できる医療機関が増え、状況は改善してきている。クロザピンの普及には、医療観察法での治療経験が一般精神科に還元された、という一面もあり、指定入院医療機関でもある琉球病院では、医療観察法病棟のクロザピン治療の経験をもとに、一般精神科でも積極的にクロザピン治療を行った結果、長期行動制限や長期入院していた患者の退院が促進されているという。以上は、インタビューに同席した医師の話であるが、その一方で患者サイドや医療観察法反対派からは、副作用が多く、退院後の生活に支障が生じるという話も聞こえてくるという。

――以前は外出や外泊をするたびに、すごく心配しているようすでしたが、今は前ほどには心配しなくなったように見えます。

外泊のときは、途中で何か好きなものを買おうとか、楽しいようにして、行く気になったんです。WRAP（注・Wellness Recovery Action Plan の頭文字をとって「ラップ」と呼ぶ。アメリカで精神疾患の当事者らが開発したセルフヘルプ、セルフケアのプログラム。「元気回復行動プラン」と訳されている）でも、ストイックに治療に専念するより、自分を褒めたり、楽しいことをやってもいいんだよって教わったから、たぶんそれでいいんだと思うけどね。つらいときはお菓子を食べるとか、外の空気浴びるだけでも気分が変わるしね。デイケアにいくのも、調子悪い日でも、バスに乗ると気分がよくなるから、と思っていくようにしている。

――じゃあ医療観察法の処遇が終わっても通院は続けていくと。

だって薬飲むのやめたら、また変なのが出たら困る。便通がからむところでは、早く薬とおさらばしたいという気持ちもあったけど、それがなければ飲んでても大丈夫なんだよね。ただ霊界で霊がいろいろ動いているし、悪魔もいるしね。霊のほうでも科学技術の時代になって、みんなに否定されて大変みたいなんだけどね。

――霊は霊で存在を否定されて苦労している？

お父さんお母さんが霊界で霊でいるのと、死んだら終わりでなんにもないっていうんだったら大違いだからね。悪魔にはたまに「やめてくれっ」て叫ぶこともあるけどね。手を洗うときも洗い終わったと思ったら「もっと洗え」というから、何回も洗うはめになる。

――いまの生活でつらいことや楽しいことはどんなことがありますか。

特に不満もなく過ごしてますけど、グループホームはいつまでもいられるところじゃないから、あんまり安住しちゃうとまずいと思って。

――将来の夢や希望はありますか。

特にないけど、楽器をやってみたい。

――ありがとうございました。


以上が、私が用意した質問をもとに医師によって行われた、対象者へのインタビューの概要である。立ち会って一番気になったのは、魔王の霊の命令によって刺してしまったという、普通なら妄想と捉えられることをいまでも信じていることと、医師もその考えを否定せず、受け入れる前提で話が進んでいたことであった。これは、事件を引き起こした原因となった統合失調症による妄想がいまでも治っていないということではないのだろうか。その状態で退院させることに、問題はないのだろうか。

また、便通のことを非常に気にしているが、その不安はどこから生じるのか。便秘症状を引き起こす薬の副作用への対策として、下剤を飲むことによってそうなっているのならば、もっと薬を調整するべきなのではないかと気になったので、以上の二点を後日、医師にメールで聞いたところ、回答は以下のようなものであった。

《統合失調症は慢性疾患で、治療抵抗性の症状や、神経症様の症状、認知機能障害などが残存することも多く、「症状がなくなること」を目指すのは難しいこともあります。

魔王や悪魔の幻聴や妄想に関しては、強いリアリティを伴うようで、統合失調症の症状について学んでもなお、自分の体験が妄想であるとの認識には至りませんでした。

それでも、妄想のために生活に支障が及ぶことは最小限になり、

「悪魔から操られたと言っても、傍から見たら、被害者を傷つけたのは自分だし、警察に捕まるのも自分（だから他害行為に至らないようにしたい）」

「治療で不安が減り、悪魔がいろいろ言ってきても抵抗できるようになった」

「もしまた悪魔から操られるような状態になりそうなときはスタッフに相談する」

などの発言もあり、精神病症状があっても、他害行為に至るおそれはない。万一病状が悪化しても、他害行為に至る前にクライシスプランに従って本人・関係者が危機介入の対応ができると判断しました。

便通の不安については、抗精神病薬の副作用としての便秘はそのとおりなのですが、彼の場合は「昔、下剤を飲んで外出した際に、便意をもよおしてもらしそうになった」という経験か

ら、さまざまなことを便通に結び付けて考えて不安になり、下剤を調整すれば、それがまた不安になって、便通に過敏になる、という悪循環が生じ、過敏性腸症の方と同様の状態になっていました。そのため、入院中に心理士が過敏性腸症についての疾病教育を行い、「自分なりの対策を考えたうえで、考えすぎをやめ、思いきってやってみる」という、認知行動療法的なアプローチを行いました。

お聞きになったとおり、今も便通を気にしてはいるのですが、退院後、地域生活の中で「思いきって刺身を食べてみたら、おいしくて、下痢もしなかった」「グループホームの1泊2日のバス旅行に参加できた」など、スタッフも驚くような行動の変化が得られています。

「不完全さ」に不安を持たれるかもしれませんが、「症状」の有無にかかわらず、健康的で穏やかな生活ができ、この生活を大切にしたい、と思えることこそが、再他害行為の防止のモチベーションになる、と思います》

確かに、依然として魔王の霊に操られたと信じていようが、それが一般の人には信じ難い考えであること、そして薬を飲むことで操られるのを防ぐことができると理解しているのであれば、再他害の恐れは少なくなったと言えるのかもしれない。妄想、と一言で片付けるのは簡単だが、当人にとっては圧倒的なリアリティをもって迫ってくるからこそ、真実だとしか思えなくなるのである。抗精神病薬には、過敏になりすぎた神経をマイルドにして、興奮、幻覚状態になるのを防ぎ、気持ちを落ち着かせる効果があるから、その服薬を継続することは再他害行為の再発防止にもつながる。

病院の一室で同席した印象では、この穏やかそうな男性が、妄想にとらわれて人を刺した姿をなかなか想像することができなかった。医師を介して取材を依頼したところ、自分の経験が誰かの役に立つのならと了承してくれた。取材の終わりに、自分では意識していなかったが、私は彼に向かって少し微笑んだらしい。医師からのメールで、「最後に記者の方が微笑んでくれたので、こんな自分の体験が誰かのために役立ったのかと嬉しかった」と言っていたと書いてあった。

内省プログラム

現在、全国の医療観察法病棟で行われているプログラムに、内省プログラムがある。国立精神・神経医療研究センター病院の平林直次医師の立ち会いのもと、同病院の臨床心理部臨床心理室室長の今村扶美臨床心理士に話を聞いた。

「内省プログラムでは、まず対象行為に至ったその人の人生を振り返ります。患者さんたちは決して対象行為を起こしたかったわけではない。けれど起こさざるを得ない状況に陥ってしまったのです。まずはそこに至るまでにどんな生活史があったのかを検証する。その過程で自分が振るった暴力について検証したり、それよりも前に自分が振るわれていた暴力について、どのように傷ついたかといった体験も共有します。そうすることで改めて対象行為がどんな状況で起きたのか、同じような体験を持った対象者同士で話し合い、理解をしながらプログラムを進めていく。そしてこの先どのように生きていけば他害行為をすることなく、自分らしく生きていけるかを皆で考えていくという内容が、全部で一二回のセッションで構成されています」

セッションは三〜五人のグループで行うことを想定しているが、グループでできない事情があるときは個別で行うこともある。グループを基本とするのは、体験の分かち合いをしたり、人の話を聞くことで自分を振り返り、お互いに支え合うことができるからだ。スタッフと患者が椅子に座って輪になって話し合い、一セッションは一時間一五分。それを毎週一回で全一二回なので、三ヵ月で終わるのが基本になっている。

「グループはクローズドで、途中から新しい参加者が加わることは基本的にはありません。始めるのは回復期の途中くらいが多いです。それより前の急性期はまだ精神症状が落ち着かず、生活を安定させることがメインの目標になり、回復期に入ると、疾病教育で自分の病気を理解し、退院に向けてのプランを練っていく時期に入るので、その時期に始めることが多いのです。時期でいうと、医療観察法病棟に入院して半年後くらいですね。なかにはそれより早く入る人もいますし、人によっては遅れて社会復帰期になってから始める人もいます。一二回でそのグループとしてのプログラムは終わります。最後に報告会をして、このプログラムでどんなことを学んだか、自分はどういう経緯で対象行為に及んで、この後はどのように自分の問題に対処していくかをチームのスタッフに発表します」

積極的にプログラムを受けているか、それとも仕方なく受けているかという私の質問に対しては、退院に向けて必要なステップとして受ける、というのは病棟の文化として定着しつつあるとのこと。いろいろ話せてよかったという感想を口にする対象者もいれば、仕方なくやらされていたというようすの人もいる。同様にプログラムを通して内面が変化する対象者もいれば、変化が見られない人もいる。ときには、一二回のプログラムを終わったあとでまた最初から始め、三周か四周する人もいるという。変化が見られない人に対して、本人の認識が変わってきたからもう一回やってみようとか、最初は個別で、次は集団でやってみようとか、そういった事情で繰り返すケースがあるとのことだった。

この内省プログラムに似たプログラムは刑務所でも行われている。その模様を撮影したドキュメンタリー映画が、二〇二〇年に公開された『プリズン・サークル』だ。この作品では、島根にある官民共働の最新式の刑務所「島根あさひ社会復帰促進センター」で導入された「ＴＣユニット」という更生プログラムのようすを撮影している。

プログラムを受けるのは主に二〇代前後の青年たちで、顔にはモザイクがかけられているが、その表情がうっすらと観る者にも感じ取れる。明るいホールのなかで椅子に座って車座になり、犯した犯罪をそれぞれ告白するようすや、参加者たちが、告白された事件の被害者役を割り振られ、演じることで振り返るプログラムで、被害者役になった参加者が「どうしてそんなことをしたのか」と加害者の青年を責め始め、ほかの参加者からも厳しい言葉が投げかけられるうちに、告白した青年の目から涙がこぼれ始めるようすなどが生々しく映し出されている。

この映画を監督した坂上香は、アメリカの刑務所を撮影した前述の『ライファーズ　終身刑を超えて』という作品を手がけている。これは、カリフォルニア州・サンディエゴ郊外のR・J・ドノバン刑務所を撮影したドキュメンタリー映画で、「ライファーズ」と呼ばれる終身刑、もしくは無期刑受刑者たちが、「アミティ」という民間団体が行う更生プログラムを受けるようすを撮影したものだ。

アミティは一九八一年にアリゾナ州で創設された団体で、そこでは薬物やアルコールなどの依存症者や、終身刑受刑者たちを対象に、徹底した語り合いによって、そうした問題行動に頼らなくても生きていける方法を学ばせている。

このアミティが行っているような受刑者や依存症者を対象とした治療共同体を「TC（セラピューティック・コミュニティ＝回復共同体）」と呼ぶ。『ライファーズ　終身刑を超えて』では、カリフォルニア州の刑務所内でアミティが運営するTCを撮影。受刑者たちのミーティングのようすを映し出している。

そして、この作品に映し出された受刑者たちによるTCを参考に、「島根あさひ社会復帰促進センター」で導入されたのが「TCユニット」であり、それを撮影したのが、『プリズン・サークル』なのである。

監督の坂上は当初、管理色の強い日本の刑務所ではTCの導入は無理だろうと思っていたが、実際に見学したところ、受刑者が率直に告白しあうTCのプログラムが機能していることに驚き、これは映像で残すべきだと撮影交渉を始めたという。

さて、そのアメリカの刑務所のTCを撮影した『ライファーズ　終身刑を超えて』のDVD鑑賞を、国立精神・神経医療研究センター病院では、内省プログラムの一部として取り入れている。本章前半の対象者との一問一答では、それを見た対象者が、アメリカの筋骨たくましい受刑者を「おっかない」と思って鑑賞したとの感想があったが、それでは、国立精神・神経医療研究センター病院の内省プログラムは、アミティのTCを参考に作られているのだろうか。今村臨床心理士は以下のように答える。

「多少は参考にしていますが、いろいろな点が異なります。参考にしている点としては、本人の苦痛、対象行為をせざるを得なかった苦悩に焦点を当てること。プログラムの入り口で対象行為をしたことを非難したり責めたりすることはしない。皆さん苦しいなかで事件を起こしているので、その苦しみを共有したり、大変だった気持ちを言語化するという考え方は、セッションにおいて大事にしているところです」

とはいえ、医療観察法病棟に入院しているのは、対象行為のときに心神喪失、心神耗弱だったとされた人たちである。悪い行為だと認識できない精神状態だったから刑務所で罪に問えない、とされているのだから、その行為を振り返って言語化することはできないはずではないだろうか。

「そういう指摘は確かにありますが、だからといって、わけの分からないうちにやってしまいました、で終わってしまうといつまでも病棟の外に出られません。彼らとしても、よく分からなくなって他害行為をしてしまった存在として生きていくのはきついし、それでは周りも彼らを信用しにくいですよね。ですから病状が落ち着いてきて当時の生活状況を振り返って整理していくことで、その頃の変化のなかでどんどん自分が行き詰まっていったな、と考えたり話したりできるようになる。刑事的な責任については置いておいて、これから社会でひとりの人間として生きていくために、できることをやっていく。責任を負うというよりも、責任を果たせる人になる、ということを意図して対することを大事にしています」

たとえば、悪魔に命令されて刺してしまったという妄想をまだ持っている人に対してはどのように働きかけるのだろうか。

「そういう方の場合はまた悪魔が来るかもしれないけれど、そのときはどうする？　と問いかけます。それは妄想です、と今までに言われてきているでしょうし、それは症状の可能性があるよね、とは私たちも伝えます。そう言ったからといって、本人の考えが変わらない場合もありますが、あなたはそうは思ってないようだけど、医療者はそれを症状だと捉えているし、もしかしたら治療が役立つのではと思っているんだよ、という見方を共有しておくと話しやすくなります」

プログラムでドキュメンタリー映画の『ライファーズ　終身刑を超えて』を見せるとのことですが、あれは刑務所が舞台で、出てくる人は精神障害者ではないので、医療観察法病棟で見せるのは少し違うのでは？

「それ以前にあの映画は字幕なので、字幕を追えるだけの知的能力がないと鑑賞できないという問題はあるのですが、ともあれ、刑務所か医療観察法病棟かというところに焦点は当てていなくて、何らかの苦しい体験があって人を傷つける行為をしてしまった人が、どういうふうにそれに向き合って回復していくか。それを追っている映画ですし、体験を皆で話し合うセラピーのようすも映されているので、自分の行為や痛みについて人と話しながら回復していくイメージを持ってもらうために鑑賞してもらっています」

内省プログラムの目標はどこに設定しているのでしょうか。

「ひとつには自分が対象行為に至ったサイクルを振り返り、この先どう対処していけばいいかを考えるということですね」

内省プログラムで印象に残っていることは？

「大変な思いをしていた人はほかにもいるんだ、自分だけじゃないと思ってほっとしたとか、話して楽になったと言うのを聞くとよかったなと思います。してしまった行為をただ隠すのではなくて、人と話して解決法を一緒に考える。整理して対策を立てて、そのことを評価してもらえるという時間は貴重ですし、報告会では皆で拍手してお互いをねぎらい、ときには温かい空気になることもあります。自分の行ったことを分かってそれでも支援してくれる人たちがいる。事件のことを隠さなくてもいい、話せる相手と一緒に回復に向かっていけるという経験はすごく大きくて、その経験があったほうがたぶん病棟を出たあとも孤立につながらない。逆に言えば、誰にも話せないでいると、おそらく退院後に孤立することにつながっていくんだと思うんです」

プログラムには薄手のテキストを使用し、振り返って感じたことなどを書き込むようになっている。そもそも対象行為のときに混乱していて、うまく思い出せない人もいるが、覚えている時点までのことを書くのも意味があると考えているとのこと。最初はワークシートだったものを、一〇回以上改訂を重ねていまの冊子の形になった。国立精神・神経医療研究センターで作成したこのテキストは、全国十数箇所の医療観察法病棟で使われている。テキストの終わりには、今後取り組むことを書くようになっている。

このプログラムで対象者が書き込んだ内容は、退院の判断材料にするのか、という質問に対しては、退院できるかどうかは病棟内のいろいろな生活状況の中で判断するものなので、このプログラムだけに限らず、さまざまなことを判断材料にするとのことだった。

今村臨床心理士との取材に同席した平林医師が話す。

「医療観察法病棟に入ると、まず疾病教育というものがあり、ここで病気について教わる。これによって自分が精神障害による妄想に基づいて行動をしたのだと現実的にみられるようになってきたところで、心理士が一対一で心理面接をする。こうして病気に対する認識が高まってくると、それまで正しいと思っていた行動も、被害者の立場に立ってとんでもないことをしてしまったと考えるようになる人は多いです。内省プログラムを受けるのはそのあとの段階ですね。自分が人生をどう送ってきたかを振り返り、事件のことを話して、それを認めてもらう体験は、重要だと思います。何より許してもらえるという体験が大きい」

第六章と第八章で詳述するが、医療観察法に反対している人たちからの「医療観察法によって、対象者は社会から隔離され、退院後も孤立した生活をすることになる。それは医療観察法という制度が作り出した孤立ではないか」という指摘に対してどう思うか。平林医師に問うと、次のような答えが返ってきた。

「もともと精神障害をもつ人たちは、社交的に近所付き合いをしている人は少なく、あそこの人はいつも家にいるよねとか、少し病気みたいですよ、みたいに言われている人が多いと思います。そのなかで、皆さん、デイケアに通院したり、社会復帰施設や作業所に行ったり、段階的に社会復帰をしていかれます。医療観察法病棟に入った人は退院後も医療機関や福祉のサポートを受けているし、ケア会議もある。福祉と保健の輪のなかで孤立はしていないと思います。たしかに精神障害者の集まる施設で、医療観察法の対象者だからといって入所を断られるということが、ないことはないと思います。だからこそ、退院するときに社会復帰調整官などが何箇所か施設をあたって受け入れ先を探します。また、一般の精神医療におけるクロザピンの処方率は一％前後なのですが、医療観察法病棟では三〇％近くの人がクロザピンを処方されている。これは医療観察法の対象者に多い治療抵抗性の統合失調症にクロザピンがよく効くからなのですが、退院後にクロザピンの処方ができる通院先を探す大変さもあります。しかし、クロザピンによって落ち着いた生活ができるという恩恵があるので、そうやって通院先を探すだけの価値はあるということですね」

　平林医師の語り口は穏やかで落ち着いており、今村臨床心理士の温かい口ぶりからも親身に対象者のことを考えていることが伝わってくる。しかし、制度や仕組みのなかで支援者の温かさが実は人を縛っていたり、孤立させている可能性もあるのかもしれない。それを検証するには対象者に多く会って話を聞かねばならないが、対象者へのアクセスは非常に難しい。暗闇の向こうに目を凝らして見えてくるのは光かそれともさらなる闇か。もっとオープンにされないと医療観察法という制度を評価できないと思いながらも、プライバシーの点からそれはなかなか叶わない。

第五章　医療観察法病棟立ち上げのエキスパート

新潟の医療観察法病棟

二〇二一年八月、私は二箇所目の医療観察法病棟の取材に新潟を訪れていた。

新潟県上越市の独立行政法人国立病院機構さいがた医療センターは、北陸新幹線の上越妙高駅からタクシーで約三〇分。信越本線・ほくほく線の犀潟駅からは、線路と国道の間に草木が鬱蒼と生い茂る道を五分ほど行ったところにある。広い土地を利用したゆったりした敷地だ。ロビーでは高齢の患者や家族に付き添われた患者が診察の順番を待っており、テレビが高校野球の中継を流していた。

かつての名称を国立療養所犀潟病院といったこの施設は、ホームページによると、一九四三年に日本医療団により創設。日本医療団とは第二次大戦中の一九四二年に結成され、終戦後の一九四七年に解散した特殊法人である。犀潟病院は一九四八年に厚生省（当時）に移管され開院。一九六六年一〇月に精神病棟一〇〇床新設。一九六七年に結核病床廃止とあるから、精神病棟が新設される前は結核がメインの病院だったのだろう。その後、精神病床は何度かにわたり増床され、二〇〇六年には医療観察法に基づく指定入院病棟が開設される。現在は精神科・脳神経内科の診療科があるほか、慢性疲労外来、睡眠時無呼吸外来、脳ドックなどの特殊外来、アルコール、ギャンブル、薬物、ゲーム・インターネットの依存症外来も設けている。

この病棟の運営に長く関わってきた村上優《まさる》医師に、医療観察法病棟を案内してもらった。一般の病棟と建物はつながっているが、医療観察法病棟のエリアに入るときは、鎖錠されたふたつのドアの鍵を開けてもらわないと中に入れない。村上医師が鍵を開けたあとについて中に入ったが、国立精神・神経医療研究センターに入ったときのような厳重なボディチェックはなかった。国立精神・神経医療研究センターの医療観察法病棟に比べるとやや経年劣化を感じさせるが、クリーム色が基調の病棟内は空気がサッパリしている。

案内図によると、中央のアトリウムと呼ばれるホールから四方に病棟が延びる十字型になっており、十字のそれぞれが、急性期病棟、回復期病棟、社会復帰期病棟、そして共同ユニットという名前の女性用の病棟になっている。患者の男女比率に従って、男女の病床数もおよそ四対一。共用部にはテレビや飲料の自動販売機があり、体育館や、プラモデルやジグソーパズル、鞠などの紙工作ができる作業療法室も備えている。午前と午後にそれぞれ一時間半ほどの疾病教育や内省プログラムを行うのは、国立精神・神経医療研究センターと同様だ。

中央のナースステーションには、若い看護師たちが集まり、ミーティング中だった。上の方に、「対象者と共に創る。リカバリーを促進する」というスローガンが白い紙に黒字で書かれている。患者たちが集まるアトリウムには、いくつか絵が飾られていて、そのうちのひとつは大きなピカソの「ゲルニカ」だった。よくできているので、レプリカかと思ったら、入所している対象者の手による模写だという。アトリウムのほうからナースステーションに身を乗り出している対象者に村上医師が声をかけ、「髭生やしてるの。いいね」などと話している。

見せてもらった個室は一〇㎡ほどで、洗面台と鏡、ベッドが備え付けられている。部屋の住人である対象者の私物だろうか、演歌のCDもある。この病棟には三三床の病床と一床の保護室がある。三三床のうち三床は予備病床で、日常的に使われているのは三〇床。それぞれ退院の日を待ちながら日々のプログラムを受けているとのこと。見かける対象者たちは静かに昼時の時間を過ごしているようだった。なお、がんなどの身体の病気になったときには、県立病院に転院して治療を受けられる仕組みもあり、その際には医療観察法の観察中ということで監視がつくようになっている。手術さえ受ければ、抗がん剤治療などはさいがた医療センターの医療観察法病棟でも受けられるよう村上医師が体制を整えたとのこと。

精神医療を変えたいという決意

現在は第一線を退き、センターの院長特任補佐として、週に二、三回診療に訪れている村上優医師は、医療観察法制度の設計に関わり、佐賀県の国立病院機構肥前精神医療センター、沖縄県の国立病院機構琉球病院など、各地の医療観察法病棟の立ち上げに関わってきた。二〇一九年にアフガニスタンで亡くなった中村哲医師とも長年活動を共にした経歴があり、アフガニスタンで人道支援を行うNGO「ペシャワール会」の会長も務めている。

「僕は一九七四年に九州大学を卒業して、精神科の医者になったのですが、医学生のときから、法律と精神医療の関係に興味がありました。一九七四年にはちょうど法制審議会が保安処分を盛り込んだ改正刑法草案を作って、それに対する反対運動が行われていて、私自身も保安処分の反対の運動に身を投じていたものですから、反対運動の一翼を担っていた者の責任として、精神医療の世界に進むべきだろうと考えました。そういう経緯がなかったらおそらく外科の医者になっていたでしょうね」

村上医師によると、日本の刑法は一九〇七年にドイツの刑法を引き継いで成立した。その頃、ドイツ刑法のなかには成立したばかりの保安処分が盛り込まれていた。しかし、日本では保安処分を取り入れることは控えられた。そして、日本の精神医療は、ある面では非常に幼く、整備ができていないままに、戦後急激に大きくなってしまった。精神衛生法の時代は、強制入院で畳の部屋に患者が雑魚寝《ざこね》するような、人権も何もない精神科病院の状況があった。そういった状況がまだ続いていた一九七〇年代に保安処分を導入するということは、精神衛生法よりもっと劣悪な精神医療を提供することになりかねない、と当時の医学生などは保安処分に反対。学生運動が盛んな頃だったから、保安処分反対の活動から始まって学会批判も起こる。医学部を卒業した村上医師は、国立肥前療養所（現、国立病院機構肥前精神医療センター）に勤めることになった。

「そのときの私は、このままの強制入院のあり方ではいけない、閉鎖病棟ではなく開放的な病棟で治療する開放医療も必要だ、精神医療を変えたい、という思いで医者になりました。ただ、学生運動に参加していた医学生が開放化とか地域医療とか人権などと言っていると思われて、医学会全体からは相手にされませんでした。当時の国立肥前療養所では、精神医療の現場に批判的で大学を追われたり、大学が嫌になった人間を受け入れてくれたので、はね返りの医師が集まっていました」

肥前療養所では、伊藤正雄という医師が所長になった一九五五年から六〇年に病院の開放化が行われた。岡田靖雄の論文「肥前療養所の伊藤正雄」によると、当時イギリスなどで始まっていた精神科病院の開放化の動きを知った伊藤は、病棟の改築を機に病床の九五％を開放した。開放とは鍵をかけないだけではなく、手紙検閲の廃止、面会の自由化、電気ショック療法から薬物療法への切り替え、何時間もかけての入院説得など、患者の人権を無視した医療が当たり前の時代に、患者を対等の人間として扱った医療を実践した。その結果、患者は活性化し、退院者も続出したが、地域住民との軋轢も起こる。伊藤が退任するとまもなく、新しい責任者のもとで開放化は潰《つい》え、もとの閉鎖的な医療に戻ってしまったという。

村上医師が赴任したのは、そのあとの時代のことだが、伊藤医師が所長時代に育てた医師や看護師がまだ残っていて、開放化の気運が受け継がれていた。そういった病院で医師としてキャリアを積んだ村上医師は、やがて、のちに医療観察法で対象となるような処遇困難な患者の医療をどうするか、という国家的なプロジェクトに関わっていくことになる。

「法務省がずっと医療観察法のような法律を作りたがっていたかというと、そうでもないんです。一九七四年の改正刑法草案のときに反対運動が盛り上がったので、法務省でも厚生省でも、その件はアンタッチャブル、触れないでおこうというのが基本的なスタンスになっていました。ただ精神障害者が関係した大きな事件が起こるたびに、その関連の話題は出ていました。

宇都宮病院事件が起こった結果、医療が正常化して、開放化や患者の同意を前提とした任意入院が広がっていく一方で、一番難しい患者の存在は忘れられていきます。民間病院は敬遠するし、公立病院もマンパワーが不足しているからそういう患者を受け入れようとせず、手付かずのまま地域にいたり、あるいはただ病院に長期間入れておくだけになっていたのです。そこで石川県立高松病院の道下忠蔵院長を中心に処遇困難問題の研究班が立ち上がった。しかし、当時は保安処分反対の勢力にまだ勢いがあるときで、厚生省としても火中の栗を拾いたくないということで、結局、この研究班の研究報告書は廃棄されたんです。

その間、僕は国立肥前療養所に三二年勤務しました。病院の開放化をしたり、薬物依存の治療に取り組んだりしてきたなかで、やはり公的な病院は難しい患者を扱わないといけない、簡単に治る人しか診ないというのでは、医療はよくならないという思いを強くもちました。だから、治療の困難な患者を多く診るようにしてきました」

処遇困難な患者の医療をどうするか、国も模索するなかで、村上医師は厚生省の意向を受けて、処遇困難患者の治療を研究するため、フランスへ派遣されることになる。一九九五年のことだった。フランスの法律は刑法の作り方が日本と似ているということと、精神医療の世界においてやや保守的だったことが、派遣先に選ばれた理由だったという。

「フランスに行って学んだことをレポートにしたりしていたのですが、やはり事態が動いたのは、二〇〇一年に池田小事件が起こったときでした。

厚生労働省がこのままではいけないと動き始めて、自民党の中でもワーキンググループができた。これは当時の小泉首相のパワーが大きくて、大きな改革が始まります。国が医療観察法をスタートしようとしたときに、私はそのモデルを自分が勉強してきたフランスに求めましたが、結局、国としてはイギリスに範を求めることになり、私と平林直次先生、そして看護、ケースワーカー、心理といった多職種の専門家が十名ほどイギリスに派遣されました」

イギリスでは、一九世紀にブロードモア病院という特殊病院が完成していたが、一九世紀のシステムのまま精神病患者の収容を続けるなか、職員による暴力などの不祥事が起こり、ＮＨＳ（National Health Service　イギリスの国営医療制度）のなかで一九七四年にバトラー委員会による調査がなされる。巨大特殊病院における管理の弊害が指摘され、より地域に近いところに小規模の保安病棟が整備されるようになる。村上医師はブロードモア病院と地域の保安病棟の双方に研修に行った。

「私はやはり小泉総理は力があったと思います。相模原の殺傷事件ではあれだけ多くの方が亡くなったのに、安倍政権は何もできなかったですよね。もうひとつよかったのは、医療観察法制定のときにはまだ野党に力があった。だから衆議院でまず法案が通ったあと、参議院で法案が修正されたんです。衆議院の案は再犯を防止するというところで止まっていたのが、当時の民主党が参議院で社会復帰を促進するという一行を付け加えた。これによってあの法律の性質はガラッと変わりました。私は当時、日弁連とも協議する立場にいましたが、日弁連がこの点を強く主張してくれたのはよかったと思っています」

イギリスを参考にしたのは、ドイツやフランスで使われている大陸法より、判例を重視する英米法のほうが取り入れやすかったからだという。特に、心神喪失という概念が最初にイギリスから出てきたことが大きかった。第三章で触れたマクノートン・ルールである。

「しかし、実際にイギリスの現状を調べたら、マクノートン・ルールによって無罪になる人はいませんでした。つまり、たとえ病気であっても、人を殺してはいけない、ということは分かっている。これが分からない人でないと無罪にならないわけですから、ほぼこの法律を適用することはないのです。私が視察をしたときには、罪を犯したけれど『病気だから』という理由で、刑務所で医療を受けるようなシステムになっていました。

しかし日本では、心神喪失という概念のほかに、心神耗弱という概念もある。『善悪の判断ができない』と『行動の制御ができない』の二段階に分かれているのです。その人が心神喪失なのか、心神耗弱なのか、完全責任能力があるのかを最初に決める。心神喪失は医療、耗弱は場合によって医療か刑務所、完全責任能力があれば刑務所。しかし最初に分けるというのは難しいところで、必ず間違いが起こる。だから最初に法律ありきではなくて慣習、判例によって決めていくべきで、その点で法律ありきの大陸法より、慣習法の英米法のほうが適していると思います」

イギリスでの研修を経て、医療観察法成立後、村上医師は平林医師らとともに、どのような病棟を作るかも含めて、医療観察法病棟の医療の仕組みづくりに携わる。

「国立肥前療養所で研究班を作って、イギリスのクリニックのマニュアルをまず日本語に訳し、日本に合うところと合わないところを吟味し編集しなおして、日本版のマニュアルを作りました。それが二〇〇三年です。そのあと国立武蔵療養所（現、国立精神・神経医療研究センター）のグループと合宿をして検討しなおして、できたものを厚生労働省に提出しました。その際に根底にあった考え方は、これは保安処分ではないということ。そして、医療の水準は、今ある日本の平均的な医療よりもはるかに高い医療を求めようということでした。そのためにはどのくらいの人員と費用が必要かというところから制度を作っていったのです」

医療観察法病棟を設立するにあたっては、地域からの反対運動も起こった。

「肥前に病棟を作るときには、伊藤正雄院長の時代に精神科を開放病棟にして、地域にはこれだけの迷惑がかかった、ということを持ち出し、反対されました。こう言ってはなんですが、精神障害者に対する差別意識丸出しです。病棟建設予定地から弥生時代の遺跡が発掘されたことも、建設の遅れに拍車をかけました。それでも、説明を繰り返していれば、住民の方も最終的には納得してくれるものです。これだけの設備と人員がいて、ちゃんとケアをするから問題は起こりません。きちんとした医療をしますと説明するわけです」

その後、花巻病院、琉球病院、榊原病院や、さいがた医療センターで医療観察法病棟の立ち上げ運営に関わった村上医師は、いまの医療観察法は保安処分ではないと断言する。

「患者が危険因子だから入院させているのではない。病気のために事件を起こしたのなら、病気が治れば再犯のリスクは下がるはずだから、きちんと治療するために入院してもらっているということです。逆に言えば、病気ではないが再犯のリスクはあるという人は、医療観察法病棟ではなく刑務所に入ってもらいます。病気でないなら医療観察法の対象外であるのは当然のことですが、実はそこがイギリスと違うところで、イギリスではパーソナリティ障害の人をどんどん受け入れてブロードモアのような精神科病院が肥大化した時代があった。日本の医療観察法制度のもとでは、病気ならどんなに難しい人でも引き受けるけれど、パーソナリティ障害に関しては我々が扱える問題ではないと認識しているので、刑務所で対応していただく。パーソナリティ障害もあるかもしれないけど、精神疾患でもあって、幻覚もあるし、思考が止まらなくて、暴力行為がすごくて、逮捕の取り調べをした警察官、検察官や鑑定医に対しても暴力事件を起こしている。そういう大変な人も引き受け、いまは大分落ち着いてきました」

医療観察法の成立は二〇〇三年。施行は〇五年で、それから一五年以上が経過しているが、医療観察法ができる以前、他害行為を行った精神障害者が精神保健福祉法のもと措置入院で医療を受けていた時代と比べて、どう変わっただろうか。

「医療の質が格段に向上しました。以前は精神科の病院でも、難しい患者を放り出しているケースもありました。でもいまは治してから退院になります。今後のさらなる課題としては、多職種チームのレベルをさらに上げること。国立病院、県立病院はその地域の基幹病院ですから、難しい患者を受け入れ、きちんと医療のレベルを上げなければならないのです。たとえば、難治性の統合失調症に効力を発揮するクロザピンの普及率は、いま医療観察法病棟では四割くらいに達しています。しかし、私が琉球病院に赴任したときは、まだクロザピンを使うことができなかった。それを使えるように体制を整えました。クロザピンは患者に負担が大きいといわれますが、本当に患者に負担なのはずっと保護室にいることではないでしょうか。日本では精神科クリニックがいっぱいできましたが、街中のクリニックは難しい患者は診ません。治療が困難な患者をきちんと治して、社会に戻していくという、そのことに誰かが責任を負わなければ、日本の医療が本当によくなったとは言えないのです」

困難な患者の診療にあえて取り組んできたという村上医師に、印象に残っている患者について聞いてみた。

「発達障害を併存していて、お父さんを殺して、お母さんはそのショックで立ち直れない。本人も衝動性が非常に激しい。たぶんもっとも困難なケースで、治療にとても時間がかかりました。いろいろな刺激に過敏に反応しているところから、薄紙を一枚ずつ剝《は》ぐように、少しずつ回復して、静かに生活をするようになっていきました。治療に一〇年弱かかりましたが、今年の初めに退院しました。その患者が先週診察に来て、『元気にされていましたか』と会話を交わしました。いまは生活保護で暮らしています。そういうふうに長い時間がかかっても丁寧に治療することで病院から出られる人がいるんです」

医療観察法病棟という現場で、治療困難な患者たちに全力で向き合ってきた村上医師の言葉は重いものだった。

だがやはり、医療観察法を知るためには、対象者本人の視点が欠かせない。対象者に接触することが難しいなか、医療観察法病棟を退院して地域で暮らしている患者を紹介してくれたのは、医療観察法に反対をしている人たちだった。

第六章　医療観察法に異を唱える人たち

「人を殺したとされている人」

「あなたは人を殺したとされている人のことを怖いと思いますか？」

と佐々木信夫弁護士は私に問いかけた。佐々木弁護士とは、二〇一九年一〇月、沖縄で開かれた日本病院・地域精神医学会で知り合った。翌二〇二〇年七月に横浜の佐々木弁護士の事務所で再会したのは、医療観察法病棟を退院した人を紹介してほしいと思ってのことだった。佐々木弁護士は、医療観察法の対象者の権利擁護や弁護活動をたびたび引き受けている。

佐々木弁護士は、人を殺したと言われている人も、本当に殺したかどうかは分からない、という意味を込めて「人を殺したとされている人」と言っていると説明してくれたが、いずれにせよ、

そうした人が怖いかと言われれば、怖くないと言えば嘘になる。そう正直に答えると、佐々木弁護士は、

「俺は怖くないよ。自分は殺されないって確信しているから。怖がっているとそのことが相手に伝わる。俺は怖がってないから、彼らと本音で付き合える」

そう言って私を見つめる佐々木弁護士の瞳は、こちらを試しているかのようだった。

佐々木弁護士は、二〇代のころに統合失調症で入院した経験があるという。当時はまだ精神科病院が旧態依然としていて、薄暗く、異臭のこもる保護室に入れられた記憶が、いまも時折蘇るそうだ。

入院する前は会社員だった佐々木弁護士だが、退院後、ときに幻聴に苦しめられながらも、司法試験に挑戦して合格。時々感覚が過度に鋭敏になり、得体の知れない恐怖に襲われることがあるが、そのような波がやってくると、殺風景な自室のなかでその状態が過ぎ去るまでひたすらじっと耐えていたと私に語ってくれた。

そんな佐々木弁護士に、私は、正直に言えば、触法精神障害者については、ほとんど話したことがないので怖いかどうかはまだ分からない。ただ、広く精神障害者と呼ばれる人については、決して恐ろしくはない普通の人たちなんだと分かってほしいという思いで、メンタルヘルスについての原稿を書いてきたと説明した。

その言葉に、佐々木弁護士は、

「言っていることは分かったけど、彼らは普通だというところから、もう一段階進めてほしい。普通じゃなきゃいけないのか？　僕はむしろ、普通でなくてもいいいと思っている」

佐々木弁護士は、暴力的であろうが、人に迷惑をかけようが、それでもいいではないか、とまで言いたいのだろうか。その域にまでは到達できない私は返答に困っていたが、自分の知っている医療観察法の対象者を取材したいのなら、認定NPO法人大阪精神医療人権センターの理事である有我《ありが》譲慶《じょうけい》看護師に連絡を取るといい、といって、名刺をコピーしてくれた。

医療観察法とそこで行われる内省プログラムの弊害

有我看護師に連絡すると、私は東京在住で、有我看護師は大阪在住のため、まずはZｏｏmで話すことになった。最初に話してくれたのは、看護師として働き始めたころの思い出だった。精神科病院に就職した有我看護師は、外に出してほしいと訴える患者のいる病棟の鍵を閉めたり、興奮した患者を押さえつけて注射をするのを手伝う、あるいは拘束をするといった自分の業務が苦痛で仕方がなかった。一九八五年に大阪精神医療人権センターが設立されると、その活動に参加。二〇〇一年に池田小事件が起き、当時の小泉首相が、触法精神障害者のための法律が必要だと言い始めると、その動きを危険な状況だと感じ、法案段階から反対活動を行い、国会前の抗議活動にも参加している。

「それ以来ずっと医療観察法の問題に関わってきています。実際に業務として医療観察法の内側で仕事をしているわけではないので、その実態は見えづらいですが、当事者の方から電話相談を受けたり、実際に医療観察法の処遇を受けた当事者と会って話を聞く機会もあります。そうすると、医療観察法の処遇が当事者にとっては非常に過酷な体験であることが分かってくる。私が一番疑問に思っているのは、医療観察法の対象になった方が、処遇期間中に数十人に一人自殺していることです。これはひとつの病棟につき一人は自殺しているということで、普通の精神医療ではありえない数字です」

これについて、ジャーナリストの浅野詠子が、奈良のウェブメディア、ニュース「奈良の声」で発表した記事（二〇二二年七月一五日）があるので、引用する。

強制治療対象者の70人が自殺　医療観察法　施行以来16年で

心神喪失や心神耗弱の状態で傷害などの他害行為に及び、刑事責任が問われない人に精神科の強制治療を行う医療観察法が施行されてから7月15日で17年になる。昨年12月末日までの16年5カ月で、治療対象者の70人が自殺していたことが分かった。２０１６年段階での自殺者累計は52人（「奈良の声」既報）だった。対象者の社会復帰を目標に掲げる同法の条文に照らすと、厳しい数字が現れている。

通院治療を担当する法務省によると自殺者は54人、入院治療を担当する厚生労働省によると自殺者は16人で合せて70人。公文書は不存在で、2省とも「奈良の声」の取材に対し電子メール（法務省）または口頭（厚労省）で回答した。施行後、同法の強制治療の対象になった人は4373人（2020年12月末現在）。医療観察法の治療対象者の自殺は表立って政策課題に上ることはない。一方、政府は2017年7月、「誰も自殺に追い込まれることのない社会」の実現を目標として掲げ、自殺総合対策大綱を閣議決定するに至った。

通院治療を担当する法務省保護局精神保健観察企画官室は「重要な課題として受け止めている」と話す。同省は当事者に通院指導などを行う社会復帰調整官を法施行直後の56人から225人に増やした。収容病棟を管轄する厚労省障害保健福祉部精神・障害保健課医療観察法医療体制整備推進室は「多種職チームのケアにより最善を尽くしている」とする。（後略）

有我看護師が続ける。

「自殺した理由については明らかになっていません。そこも厚生労働省がきちんと調査すべきだとは思うのですが、プライバシーの名のもとに秘密で覆われていて、数字しか分からない。ただ私たちは、病棟内で行われている内省プログラムに非常に問題があるのではないかと考えています」

内省プログラムについては前述した。医療観察法病棟内では、症状が落ち着いた回復期になると、内省プログラムが始まり、病棟が用意したプログラムに基づいて、対象行為を振り返り自分を見つめ直すグループワークが行われる。

「内省プログラムが危険ではないかという指摘は医療観察法が法案段階だった当初からあり、『日本精神科医療史』（医学書院・二〇〇二）という本を書いた岡田靖雄医師も指摘していました。どうしてこういうことになってしまったのか、どうするべきだったのかを語らせて文章化することで、初めて病棟の中で次のステップに進んで退院できるようです。しかし、どうして自分が事件を起こしてしまったか理解している人もいるでしょうが、私がこれまでに会った三人の医療観察法の対象者だった人は、それがよく分かっていなかった。そのときの心境は覚えていないとか、こういうことをしたという事実は分かっているけど、どうしてそのようなことをする感情になったのかは分からない。だから振り返って書けと言われても、覚えてないから適当に書いていたという人もいました。

それなのに内省プログラムの中では、被害者の書いたものとか、事件を起こした人に対して抗議する文章を読ませるのです。感受性が高く、かつ自分のしたことを認識できていない人に対して、そういうものを読ませて責める、内省を求めるというプログラムは、本人をケアするというより、追い詰めるものになってしまっているのではないか。医療観察法病棟における仕組み全体が、自分がダメな人間で変わらなければいけないのだと思い続けて、医療スタッフが求めるような文章を書いて、一生懸命病棟に過剰適応しないと退院できない、さらに退院してもそのあとの処遇が終了しない。自分の本当の思いを書いたら、相手に対して共感性が乏しいとされてしまう。そのことが精神的な医療としては問題ではないかと思うのです」

医療観察法病棟では、CPA会議という医療スタッフ、家族親族、社会復帰調整官や関係者を含め多数による会議が定期的に開かれる。CPA会議とはケア・プログラム・アプローチ会議の略で、対象者本人がこれに参加することもあるのだが、生活の細かなことまでこの会議に諮《はか》られ、全員が同意しないと退院までのステップに進めない。いつになったら退院できるのか全く分からないため、対象者は先が見えない気持ちに陥るという。

「そもそも、この医療観察法という法律の原点には、精神障害を持った人を危険な存在とみなすという発想があります。あくまで治安維持的な観点からできた法律であって、医療としてその人の回復を助けるとか、その人らしい生活をさせるという発想からできた法律ではないのです。治安のために医療を利用するとなると、それは本人のための医療とは違ってきますし、さらに最近の動向を見ていると、精神障害者を治療し回復させるといいながら、社会的な影響が大きい重大事件を起こした精神障害のある人に対しては、責任能力ありということで医療観察法を適用せず、厳しい実刑で臨むケースが増えています。その反面、軽微な行為でも医療観察法を適用して長期に病棟に収容し、本人の生きる希望を失わせる方向に進んでいっているようで、大変に危惧しています」

有我看護師によると、たとえば弁当を一個盗んで追いかけてきた店員を殴ってしまったとか、エレベーターのなかで女性に抱きついてしまったとか、通常であれば軽微な犯罪として処理されるところを、精神障害があったということで、医療観察法が適用され、医療観察法病棟に長期に収容されるケースがしばしば見られるようになっているという。

「つい最近、私の身近であったケースでは、ある患者さんが薬が効きすぎてぼんやりしていたときに、病院に他の患者さんが作った紙の鞠のようなものがあって、それを持って行ってしまった。そのときにたまたま警察官が病院に来ていて、本人がびっくりして逃げたときに、窃盗で逮捕された、と。その患者さんは別の窃盗を何件かやっていたこともあって、二〇日以上勾留され、起訴される方向にいきそうになったのですが、病院側も大きな問題にしていないし、本人も反省しているということでそのときは処分保留になったんです。このように、精神障害のある人が何か起こしたときに、紙の鞠を盗んだ程度のことでも立件されかねないという現状があるのです。精神障害がなければ大ごとにならないことでも、精神障害のある人はまたやるだろうと思われているのかもしれません」

この点について、後日平林医師に聞いてみた。医療観察法に反対している人の指摘として、窃盗とか、女性に抱きついたといったくらいのそれほど重大でない行為で医療観察法病棟に入院させられる事例が増えているという指摘があったことを伝えた。

「対象行為をひとつの行動として捉えると、確かに比較的軽い行為でこちらにくる人もたまにいます。しかしそれは、長年にわたって事件を繰り返していて、措置入院などの一般の精神医療で治療効果が上がらず、今回は医療観察法の病棟に入ってきた、というケースでしょう」

一般の精神科病院より医療観察法病棟のほうが医療が手厚く、特に心理職によるサポートがあるため、より高い治療効果を期待して医療観察法病棟に来ることがある、と平林医師は説明する。

「精神病院の吸引力」

有我看護師の話に戻ると、そもそも、精神疾患の症状によって事件を起こした患者の多くは、わりと早い時期に落ち着きを取り戻すものだという。

「いろいろな関係者や当事者からも聞くのですが、そもそも医療観察法による入院処遇に入る前の二、三ヵ月の鑑定入院の段階で、薬も処方されるし、症状の激しい急性期は過ぎるので、かなり落ち着くようになる。その後に入る医療観察法病棟では興奮状態にある人はとても少ないです。だから早期に生活の安定を取り戻す支援をするべきだと思うのですが、現行の医療観察法の制度のなかで、入院がいたずらに長期にわたるようになっています」

医療観察法病棟の対象者には社会復帰調整官という精神保健福祉士等の資格を持った担当者がつき、病棟を出た後に住む場所を調整したりもする。しかし、地域によっては対象者のもともとの居住地からかなり離れたところにしか指定通院医療機関がないケースもあるし、実家に帰るのが難しい場合は新たに居住地を探すことになるが、ひとり暮らしでは不安が多い。そこで、精神障害者のグループホームを探すのだが、医療観察法の対象者は入居を断られるケースもあり、住居探しはしばしば難航する。社会復帰調整官の管轄は法務省だが、対象者へのフォローがどこまで行き届いているかは疑問だと有我看護師は言う。

「病棟からの退院が決まって、単身でアパートに入居し、指定通院医療機関の外来を初めて受診する前日に、ビルから飛び降りて自殺未遂した人もいました。このケースに関していうと、家族から離れてひとり暮らしすることへのフォローがどのくらいできていたのか疑問です。一方で、退院後も開かれるケア会議では、対象者が多数の専門家らに取り囲まれることになり、自分なりの主体的な選択をすることが困難になっている。当事者が意見を言って回答を得られる機会をきちんと保障するべきだし、権利擁護のアクセスももっと柔軟にされるべきです」

二〇〇五年以来、医療観察法病棟の病床数は着実に増え続けてきたが、そこにも根本的な問題が潜んでいると有我看護師は言う。

「日本だけではなく世界的にある傾向として、『精神病院の吸引力』という言葉があります。つまり、精神病床は〝困った存在〟を収容するので地域で支えなくてもよい、また病床を埋めることで収益を確保するという経済的な圧力が生じる。医療観察法病棟は基本的に公立ですから、予算を獲得するために患者を確保する必要が起こってくる。一度病棟が建設されると、ベッドを埋めたいという経済的吸引力の回路が働くのではないか。医療観察法病棟の病床数が増えるたびに、その分の対象者が発生するというのも不思議な話だと、私は感じているのです」

医療観察法という制度のもとで治療する必要のある人たちがいて、その分病棟が用意されたと考えるのが自然だが、病棟を作るから患者が生じるという、卵と鶏の逆転現象のような話があるのだろうか。

日本の精神科病院の歴史を振り返れば、一九六〇年に医療金融公庫の設立によって、私立病院の新設への融資が一気に進んだ。特に六〇年代に国策として拡充が進められた精神科病院においては、医師はほかの診療科の三分の一、看護職も三分の二の人員の配置でよいという厚生省（当時）の通知による精神科特例があったことから、利益をもくろんだ業者が経営に参入。五九年に約八万床であった精神病床数は、その後、年に一万床以上という勢いで急増していった経緯がある。その結果、すでに治療の必要がなくなっているにもかかわらず、何十年も入院を続ける「社会的入院」が大量に生まれた。

二〇〇二年に厚生労働省が「新障害者プラン」の中で示した数値によれば、精神科病院における社会的入院者の数は約七万二〇〇〇人とされているが、実際には一五万人、あるいは二〇万人以上にのぼったとの見解を示した専門家もいる。二〇〇九年には、全世界の精神科病床数が推定一八五万床、そのうち日本の精神科病床数が約三五万床にのぼり、全世界の精神科病床の約五分の一が日本の病床だった。さらに精神科の患者の平均入院日数は、欧米諸国が一週間から二週間だったのに対し、日本においては約三一〇日で、異常に長い入院が常態化していた。二〇二〇年における精神病床数は三二万五三九四床（医療施設調査）で、約三万床しか減少していない。

『精神医療100号　精神医療改革事典』（批評社・二〇二〇）の、「精神病床削減」の項（筆者・原昌平）にはこう書かれている。

「病院の経営は、ホテルやマンションと似た面がある。空床があるとマイナスだから埋めたくなる。そのために退院を遅らせる、入院しなくてもよい患者を入院させるといった傾向も生じる。入院期間が短縮されても患者の回転が早まるだけだ。だからベッドを減らすことが肝心だが、単純に減らすと、病院は収入が減り、職員の雇用も保てないから当然、反対する。精神科病院をなくせと叫ぶだけでなく、経営面も考慮した具体的提案が欠かせない」

病床がなかなか減らず、経営上の必要から患者が長くとどめおかれてきた日本の精神医療の実態。医療観察法病棟にも同じような原理が働いているのだろうか。

第七章　元対象者が感じる負の刻印

医療観察法病棟に入って

新幹線に乗って、医療観察法病棟を退院した元対象者に会いに行った。指定の喫茶店の奥に有我看護師と一緒に待っていたその男性は、黒地のTシャツを着た、ライブハウスにでもいそうないまどきの青年だった。アラフォーだというが、実年齢よりも若く見える。

インタビューを録音させてもらえないかとお願いしたが、今でも妄想気味になることがあり、録音されたら一体その音声がどのように使われるか、きっと不安でたまらなくなるという。録音は文章化するときに聞くだけで、絶対に他の人にデータを渡すことはないと説明しても、やはり不安が拭えないようで、録音は諦めて、メモしながら話を聞くことにした。

男性は、事前に話の要点を箇条書きにした数枚のメモも用意していて、渡してくれた。ほかに、有我看護師が関わる大阪精神医療人権センターの機関紙「人権センターニュース」（二〇二〇年八月号）に男性が寄稿した文章も参考にしながら、その体験をまとめたのが以下である。ただし、医療観察法病棟に入るきっかけとなった対象行為がどのようなものだったかについては、教えてもらうことはできなかった。

男性が対象行為について明かしてくれたわずかな情報は、その行為を行ったとき、精神疾患の症状の真っ只中にあったということ。のちに病棟内で何度も思い出すように促されたが、うまく思い出すことができないのだという。男性は以前からうつ病の薬であるＳＳＲＩ等を飲んでいたが、この薬が合っておらず、かえって攻撃性を増してしまった、つまり、不適切な処方がもたらした行為だったのではないかと、傍らの有我看護師は補足する。

確かに、かつては躁鬱病と言われた、双極性障害、特にうつ状態の期間が中心となる双極性Ⅱ型について、うつ病と誤診され、抗うつ薬が処方されることで、躁状態を押し上げてしまうケースが多いと一時期問題になった。もっとも、この男性がそのようなケースに該当するかについては、私は医師ではない上に、処方薬や対象行為の詳細といった情報が不足しているため、判断は難しい。

逮捕後の勾留期間中、男性は自身がやってしまったことの重大さは認識していた。それだけでなく、罪悪感に苛まれ、これから受けるであろう処罰に怯えて過ごしていたと自身の手記でも綴っている。ただし、対象行為を行ったときのことをはっきりと思い出すことは難しく、反省や後悔よりも「一体何が起こったのだ？」という思いが先行していた。そんな男性のようすを聞いた親族や周囲の人は「反省の態度が感じられない。捕まっておいて反省もできないのか」といい、男性自身も、反省さえできない自身の人間性が恐ろしくなった。

事件後、まず起訴前鑑定として、勾留中に簡易精神鑑定が行われた。このときに、医師から「あなたに必要なのは治療です」と言われたことに、男性は希望を感じた。自分は凶悪犯ではなく病人だったことに安堵するとともに、治療を受ければこの症状の苦しみから解放されると思ったのだ。

その後検察官による申立てを受けて、精神科病院で鑑定入院が行われた。通常、この鑑定入院は二ヵ月を原則とし、最長三ヵ月で行われるが、男性はそのうち一ヵ月半を閉鎖された保護室で過ごした。男性が「閉鎖空間は苦しくて、これでは治療になりません」と訴えると、精神保健審判員という鑑定医とは別の精神科医は、「いままでは鑑定のためにわざとストレスをかけました。治療はこれからです。プログラムで忙しくなりますよ」と返答した。審判では、付添人という、対象者の権利を擁護する立場の弁護士は一言も言葉を発することはなく、その審議はまるで強行採決のように男性には感じられた。

入院した医療観察法病棟は警報機のついた二重フェンスに囲まれていて、窓は一〇センチ程度しか開かないようになっていた。外の空気を吸いたさに、必死に窓をこじあけようとする対象者もいた。男性は治療への期待をもって入院したが、新しい主治医は「鑑定入院はたかが一ヵ月でやるものだから、まずは診断のやり直しからだ」と告げた。その言葉に男性は治療に対する期待が一蹴された思いがした。また一から診断をやり直すという進め方に、先の見えない迷路に入り込んだような気がした。

新しい診断は、親族も呼び出されたCPA会議の場で伝えられた。鑑定入院で受けた診断とは違っていて、「今までの診断は何だったの！」と頭を抱えていた親族の姿が記憶に焼き付いている。その親族は、その後もCPA会議に何回も呼び出されたため、「頻繁な呼び出しで家族の喧嘩の原因になる。いい迷惑だ」と、スタッフがいないところで男性に憤りを浴びせた。

急性期から回復期に入ると、疾病教育や服薬管理、症状管理といった、病気や治療に関するプログラムが本格的に始まったような印象だったが、それは一日二時間程度。そのほかの時間は、ほとんどの入院患者はひたすら部屋で寝ていた。ホールはガランとしていて、人が話す声はほとんどしない。病棟のプログラムとしては三ヵ月の急性期を終えて回復期に入るが、実際の病状は医療観察法病棟に入った時点で急性期状態は過ぎている人が大多数で、叫んだり暴れたりする人はほとんどいなかった。しかしプログラムとしては、その落ち着いた状態から、退院までの長いプロセスが始まるのだ。

回復期のプログラムの主軸は、「内省プログラム」と、「セルフモニタリング」だった。内省プログラムでは、「自責すること」「償うこと」がいかにできているかをスタッフに評価されているとともに、「自分は危険視されるべき人」「世の中の役に立たない人」と、自分に自身で烙印を深く押す作業のように男性には思われた。

セルフモニタリングでは、毎日自分の病状を自分で評価し、対処することを求められた。これに関しても、男性には「調子が悪い」というと評価が下がり、四方八方から疑いの目で見られるという、管理、監視のツールであるように感じられた。

月一回の調理実習や、衣食住に関する「生活技能プログラム」は、まったく役に立たなかったと男性は振り返る。実生活に応用がきかない内容だったのかもしれない。

外出訓練として月一回程度、外食や買い物に出かけた。回転寿司に行かせてもらえるのが楽しみだった。外出する前には、毎回「脱走しないこと」という誓約書を書かされた。

このころ、男性は主治医から、「普通の入院だったらもう退院になっているけど、処罰的な意味合いでまだ入院させている」という内容のことを言われ、ショックで体調が悪くなり寝込んだ。後日、その発言について主治医に尋ねると、「そんなことは言っていない」と否定していたが、その言葉で体調が悪くなったことすら、男性は「このように病態が悪化していることが評価に悪影響を与えて退院が延びるのでは」と恐れたとのこと。いつ出られるか分からない閉鎖環境のなかで、医療スタッフから合格点の評価をもらうことが生活する目的になっていった。それでいてどのような評価軸でチェックされているか分からないので戦々恐々としていたところ、看護師から「他害の危険があるかないかしか見ていない」と言われ、不思議と安心した。

医療観察法の反対派の人たちによると、将来の他害の危険性というのは予測不能であり、それを理由に拘束する予防拘禁自体が保安処分であり許されないとのことなのだが、そんな論理は病棟内の男性には遠い世界のことだった。隔離され、閉鎖された空間のなかで、社会からの疎外感と孤立感に苛まれ、「いつまでこの苦しみが続くのだろう」と、ひたすら時間が過ぎるのを待ち、解放される日を願ってスタッフの指示に無意識のうちに従う年月だった。

細かく決められた「入院処遇ガイドライン」

ここで、厚生労働省が医療観察法の関連条文等として公開している、「入院処遇ガイドライン」を参照してみる。

それによると、医療観察法の入院処遇の目標・理念として以下のことが明記されている。

(1)ノーマライゼーションの観点も踏まえた入院対象者の社会復帰の早期実現

○継続的かつ適切な医療を提供し、様々な問題を前向きに解決する意欲や社会で安定して生活する能力(必要な医療を自律的に求めることも含む。)を高める。

○他害行為について認識し、自ら防止できる力を獲得する。

○被害者に対する共感性を養う。

（2）標準化された臨床データの蓄積に基づく多職種のチームによる医療提供
○関係法令等を遵守しつつ、入院前や入院後の観察・評価に基づき、継続的・計画的に医療を提供する。
○入院対象者の病状把握のための観察・評価を継続的に実施する。
○入院対象者の病状に応じて、適切な危機介入を行う。
（3）プライバシー等の人権に配慮しつつ透明性の高い医療を提供
○治療内容について入院対象者及び家族に対して十分な説明を行う。
○懲罰的に医療を行っているものと誤解を受けないよう、適切な治療法を選択する。
○地元自治体等の要請に対して、必要な情報提供を行う。

このような目標を達成するために、医療スタッフは「入院対象者ごとに治療計画を作成し定期的な評価を行うとともに、治療への動機付け等を高めるために十分な説明を行い、当該入院対象者の同意を得られるように努める」としている。

入院中の評価の留意事項の項目には、以下のような評価項目が書かれている。少し長くなるが、いかに評価項目が詳細に設定されているかを伝えるために引用する。

1　入院時の初期基本評価

○入院時には、家族歴、発達・生活歴、薬物使用歴、病歴と治療歴、以前の他害行為とその処遇歴、今回の対象行為と責任能力評価、医療観察法における鑑定や審判決定などを考慮して、入院対象者に関する総合的な評価を行う。
○診断はＩＣＤ－10を用い、生活全般の評価は、国際生活機能分類（ＩＣＦ）を用いる。
○各種基本評価に基づき治療計画を作成する。

2　各期の到達目標

（1）急性期の到達目標

○急性症状及び亜急性症状が改善する。
○例えば統合失調症では陽性症状の改善を得る、睡眠や食事など基本的な生活リズムが回復し、対人関係では言語的及び情緒的な疎通性が回復するなど、一定の治療成果を得る。
○信頼に基礎を置いた治療者患者関係の構築がなされ、入院までの法律的な経過を理解し、法的及び医療において自ら置かれている状況についての理解を得る。
○医療観察法病棟での生活を理解し、基本的な判断能力が回復する。

（2）回復期の到達目標

○認知行動療法、心理教育、集団精神療法、個人精神療法等を通して、疾病に対する病識及び自らの行為に関する内省を得る。

○例えば統合失調症では陽性症状の消失ないしは陽性症状に対する客観化など、病状に対して一定のコントロールを得る。

○社会生活技能訓練などにより、社会復帰の動機付けや、自己効力感ないし自己評価を高めることによって、現実的な生活を思い描くことができる。

○服薬や継続的な医療の必要性を理解し、健康で安全な生活ができるように自己主張や表現能力を訓練し、怒りや衝動性のコントロールの方法を体系的に会得し、向社会的で安全な対人関係を治療的に体験し学習する。

○自室の鍵を適切に自己管理することができる。

○外出を通して社会復帰に向けた現実的で具体的な目標を立て、援助者との関係を理解し、自ら援助を求める体験を経て信頼性や自律性を高める。

（3）社会復帰期の到達目標

○疾病に対する病識及び自らの行為に関する内省を深め、健康で安全な生活を送る動機付けを十分に得る。

○服薬自己管理を経て服薬や治療の継続の必要性を理解する。
○自らの置かれている法的及び医療的な状況を理解して、他者の協力を得ながら健康で安全な生活を目指すことができる。
○外泊を体験することによる生活圏の広がりに随伴する具体的な場面において、自己主張し、怒りや衝動性をコントロールし、問題解決、必要に応じて援助を求めることや社会資源の活用を体験する。
○対人関係では指定通院医療機関のスタッフや社会復帰調整官及び精神保健福祉関係諸機関の職員と具体的で信頼に基礎を置いた関係を構築する。社会資源や援助機関の利用を具体的に体験し理解する。
○困った時の援助の求め方や自立した生活を営むために必要な方法を会得する。
○病気の再発の徴候を理解して早期に援助者に協力を求めるなど危機管理を学ぶ。
○家族や援助者の関係を調整し、可能な援助を得る関係を構築する。

以上のような詳細な評価項目をもとに入院している対象者は病状が回復しているかチェックされる。微に入り細を穿って設定された評価項目をもって、それだけきちんと診断される手厚い医療ということもできるが、対象者にとっては、自分が事細かに採点されている、審査されていると息苦しく感じるかもしれない。そして、退院にあたっては、以下のような改訂版共通評価項目による評価を実施するとされている。

「疾病治療」
(1) 精神病症状
(2) 内省・洞察
(3) アドヒアランス
(4) 共感性
(5) 治療効果

「セルフコントロール」
(6) 非精神病性症状
(7) 認知機能
(8) 日常生活能力
(9) 活動性・社会性
(10) 衝動コントロール
(11) ストレス
(12) 自傷・自殺

「治療影響要因」
(13) 物質乱用
(14) 反社会性
(15) 性的逸脱行動
(16) 個人的支援

「退院地環境」
(17) コミュニティ要因
(18) 現実的計画
(19) 治療・ケアの継続性

ガイドラインでは、各項目について、それぞれ解説が設けられ、なかには一項目の中にさらに数項目の小さな評価項目が設けられている。そのすべてにおいて、0＝問題なし、1＝軽度の問題、2＝明らかな問題点あり、の三段階の評価をつけるように設定されている。このような評価システムのなかで、男性はスタッフから合格の評価をされることを目的に、毎日を過ごすようになっていったのだろう。

退院後の孤独

医療観察法では、患者一人当たり年間約二〇〇〇万円の予算が投じられているという。それだけの手厚い設備、大人数の医療スタッフが関わっていることを、充実した医療を受けていると捉えることもできるが、その重厚さがかえって対象者を苦しめている側面もあるかもしれない。今回取材した男性も、退院後に周囲の人から「俺たちの税金で何食ってる！」と罵声を浴びせられたことがあったそうだ。

男性の話に戻ると、社会復帰期には、ひとり暮らしの物件探しも始まったが、これに社会復帰調整官が同行し、不動産屋に男性が医療観察法の対象者であることを説明したとのこと。不動産屋も驚き、自傷他害との説明に「『他害』というのは、これはもうないですよね」と確認されたという。そのために何度も審査に落ちた。外出訓練の際には、もともと住んでいた家の近隣の人に起こした事件について謝罪もした。男性はできる限りの態度を示したつもりだったが、同行したスタッフは「皆さん不安そうでしたね。他にも謝る人がいますよ」と、言った。結局、男性は住んでいた地域から自分が阻害されているという感覚を一層強めることになった。

そのように長期間関わったスタッフや主治医は、病棟を退院し、指定通院医療機関への通院に移ると、すべて新しい人たちに入れ替わった。

その新しいメンバーで定期的にケア会議が開かれ、そこでは複数の医療スタッフから、生活のようすを細かく聞かれ、もし薬の飲み忘れが一錠でも判明すると厳しく注意されるのでとても疲れるという。参加する人は心理士、介護士、福祉機関の職員など多いときには一五人くらいにもなり、福祉事業所を利用したりバイトをしたりしようとする際には、その管理者や雇い主に対して、保護観察所の社会復帰調整官が医療観察法に関する処遇の経緯を事細かに話し、ケア会議への出席を強く勧めた。

男性が「四六時中網目のごとく監視されているようで、息が抜けなくなる」と伝えたところ、社会復帰調整官は「こういったことを行うのも保護観察所の権限だ」と厳しい表情と口調で答えたらしい。バイトをしたり、就職活動をするにもケア会議でその是非が大勢の人で話し合われるため、自分は人生における選択を自由にしていい人間ではないのだろう、という感覚がしみついてしまった。「世の中からはそのような扱いを受けて当然」との認識が男性には出来上がってしまい、社会復帰の上で大きな障壁の一つになったという。

あるとき、予定された診察日に体調が悪く、病院に「今日は診察を休ませてほしい」と電話したら、病状が再燃（再発）していると思われたのか、スタッフから「今から行ってもいいか」と電話があった。実際にすぐにやってきた病院スタッフから「すぐ入院しましょう」と言われ、小一時間複数のスタッフから強く説得を受けた。結局そのときは入院せずにすんだが、その後、往診代等として五万円ほどの請求書が届いた。放置していると何回も届いたが、弁護士に相談したところ払わなくていいと言われたので、そのままにしてある。現在、この男性の医療観察法の処遇は終了しているが、この出来事も処遇終了後のことであり、監視されている感じが消えないという。そのようなことも影響しているのか、いまでも郵便配達のバイクの音が聞こえてくるだけでドキッとする。

病棟にいたときに一緒に入院していた人のなかには心の内を話せるようになった相手もいて、退院してからも連絡を取り合っていた。その人と男性はメールのやりとりをしていたが、特にコロナ禍が始まった頃には外出禁止になり「先が分からなくて苦しい」「もう死ぬからいいや」というメールが来るようになっていた。身近に感じていたその人は、退院後に入所していた施設で自死したという。密葬だったが、連絡を受けた男性は葬儀に駆けつけた。

取材からは、どう謝罪しても「反省していない」「謝罪が足りない」と言われることに、男性が孤立を感じ、疲弊していることが感じ取れた。いま男性は、いまでもつながってくれる人の存在を確かめるように思い浮かべ、「まだ完全に孤立したわけじゃない」と死なない理由を探して今日一日を生きることに気力を振り絞りながら、社会復帰を模索している。私の取材を受けてくれたのも、その気持ちのひとつの表れなのだろう。

第八章　医療観察法反対運動の源流としての社会運動

医療観察法反対集会

二〇二一年七月一八日午後一時半、東京オリンピック開幕を目前にした酷暑の日曜日に、東京都中野区の産業振興センターで「7・18医療観察法を廃止しよう！全国集会」が開かれた。「心神喪失者等医療観察法をなくす会」「国立武蔵病院（精神）強制・隔離入院施設問題を考える会」「認定NPO法人大阪精神医療人権センター」「心神喪失者等医療観察法（予防拘禁法）を許すな！ネットワーク」の四者が共同呼びかけを行うこの大会は、二〇〇五年の医療観察法施行以来継続しておよそ年に二回行われ、すでに三〇回以上開催されていることになる。

この日会場に集まった参加者は五三名。見回すと六〇歳以上の人が中心だ。Zoomでの中継も行われ、オンラインでの参加者は最も多いときには六六人になった。

窓側には、「つぶせ！予防拘禁法　精神障害者差別・保安処分を許すな　精神医療を治安の道具にするな」と書かれた垂れ幕が張られている。後ろに置かれた机の上には、精神医療の事件に関するチラシのほかに、「労働者通信」や、「反戦・反弾圧の観点からオリンピックに反対する」などと書かれたチラシも並べられていた。

基調提起としてスピーチを行ったのは、第三章に登場した池原毅和弁護士である。池原弁護士の話は以下のようなものであった。

「医療観察法はいまやすっかり定着して、社会に根付いてしまっている。しかし、私は医療観察法を推進してきた医師などの人たちに、医療観察法ができて何かいいことがありましたか、と問いかけたい。この法律ができるとき、推進側の人たちは、医療観察法が処遇困難者を引き受けるようになれば、一般の精神医療はもっと自由なものになると謳っていた。しかし、実際は医療観察法ができてからの一六年で、精神病院はまったくよくなっていない。あなたたちの理想と夢は実現されましたか？　そう彼らに問いたいが、いまや医療観察法側の人たちはこの法律が保安処分のためのものであるということを隠そうともしなくなり、精神保健は社会の安全のためにあると言い切るようになった。日本の社会全体が治安強化のために前のめりになっているいま、人権の制限をさせないために、私たちが知恵と力を合わせて頑張りましょう」

続けて日本社会事業大学専門職大学院教授の古屋龍太精神保健福祉士より、「精神医療国家賠償請求訴訟の現段階と課題―第一次提訴の意味と位置」と題した講演が行われた。

特に精神疾患において、病気は回復しているのに退院後の受け入れ先がないために、数十年にわたり入院を継続している状態を社会的入院ということは第六章でも触れたが、日本においてこの社会的入院が依然として解消されていないことが、日本の精神医療政策の歴史を振り返りながら解説された。そのうえで二〇二〇年に東京地裁に提訴された精神医療国家賠償請求訴訟についての説明が行われた。

この裁判は、四〇年にわたり精神科病院への入院を強いられた伊藤時男が原告となり、国が精神障害者に対する隔離収容政策を改めなかったことで地域で暮らす機会を奪われたとして、国に三三〇〇万円の損害賠償を求めて東京地裁に提訴したものである。

伊藤時男は、一九五一年福島県に生まれ、高校を中退したのち上京して食堂に勤めたが、一九六八年に精神疾患を発症し東京の精神科病院二箇所に四回入院した。二二歳になった一九七三年に福島県の病院に転院になり、その後、外勤といって病院から外の勤務作業先に通うことはあったものの、退院することはできず、実に三九年間、六一歳になるまで入院生活は続いた。二〇一一年の東日本大震災で病院が被災し、転院したことがきっかけで、転院先の病院から退院し、グループホームに移ることになった。

二〇一二年には、伊藤と親交を結んだジャーナリスト・織田淳太郎との共著により、伊藤の人生を紹介した『精神病棟40年』（宝島社）が刊行された。このときは時東一郎というペンネームだったが、その後本名でNHKの「ハートネットTV」および「ETV特集」などに出演し、約四〇年の歳月を奪われるという過酷な経験をしながら、退院後の生活を楽しむ姿が紹介され反響を呼んだ。

この裁判は、精神医療国家賠償請求訴訟研究会（以下、精神国賠研）という団体が支援しており、当初原告の候補は渡辺秀憲という一九四七年生まれの男性だった。三〇年にわたり入院生活を送った渡辺は二〇一五年に精神国賠研のメンバーと出会い、原告候補になるも、辞退。しかし二〇一七年に胃がんが見つかり、国家賠償請求訴訟に残りの人生をかけたいと原告になることを決意したという。しかし、病が進行し、二〇一八年に自宅で周囲の人に見守られながら七一歳で逝去した。

その後、二〇一九年に精神国賠研の支援のもと精神医療国家賠償請求訴訟の原告となることを表明したのが伊藤時男だが、当初は裁判に乗り気ではなかったという。しかし、施設症で退院する気力も奪われて一生を病院で暮らす人たちを減らすための裁判だと思うようになり、自分の意思で原告となることを決めた。施設症とはホスピタリズムともいい、長期の入院生活によって、無気力、無関心、自発性の欠如などの症状が引き起こされることをいう。

この日の集会で、以上のような提訴の経緯を紹介した古屋は、日本の精神科病床は一九九〇代以降三六万床から三二万床へと微減したが、精神科病床が温存されている限り入院患者は減らず、患者の社会的復権には至っていないと訴えた。

続いて、休憩を挟み質疑応答が行われ、京都の洛南病院に建設予定の医療観察法病棟の新設阻止の取り組みや、二〇二〇年に発覚した兵庫県神出《かんで》病院の患者虐待事件に関する取り組みが説明されたあと、一六時半に散会した。

精神科医療の負の歴史はいまも続いている

集会でも取り上げられた兵庫県神出病院（一九六三年開業、四六五床）の事件は、二〇一九年一二月、同病院の看護助手が病院の外で起こした強制わいせつ事件で兵庫県警に逮捕された際、スマホから病院内で患者を暴行している動画が三〇本以上見つかったことから発覚。二〇二〇年三月四日、兵庫県警は元看護助手と看護師ら男六人を準強制わいせつや暴力行為等処罰法違反の疑いで逮捕し、発表したものである。

「神出病院における虐待事件等に関する調査報告書」によると、元看護助手、看護師らは、病院の患者に対し、トイレで水をかける、柵付きのベッドを逆さにしてその中に閉じ込める、男性患者の性器の先にジャムを塗ってそれを他の患者に舐めさせる、男性患者の体を看護助手が押さえつけ、強制的に射精をさせるなどの暴力行為を繰り返し行い、そのようすを撮影して面白がっていたという。

二〇二〇年六月二三日に始まった公判によると同病院では先輩職員たちによって虐待が常態化

しており、被告人たちも次第に良心が麻痺し犯行に及んでいった。一〇月には判決が出され、看護助手に懲役四年の実刑判決、五人の看護師のうち、二人に懲役二年の実刑判決、あとの二人にそれぞれ懲役一年六ヵ月（執行猶予三年）、残りの一人に懲役三年（執行猶予四年）の判決が下された。

この事件の背景には、神出病院を経営する法人理事会、特に病院を私物化した前理事長の乱脈経営がある。前理事長は患者が使うシャワーのボイラー修繕すらせず湯が出ないほどに必要経費の支出をしぶりながら、神出病院および同敷地内の老健施設と看護学校の全人件費の実に一割超（二〇一九年度だけで二億五八〇〇万円）をひとりで得ていた。二〇二二年の「7・24医療観察法を廃止しよう！全国集会」で配布された「『神出病院における虐待事件等に関する調査報告書』の衝撃〜神出病院事件の底知れぬ闇〜」を書いた精神医療サバイバーズフロント関西主宰の吉田明彦は、これは医療法五四条が禁じる剰余金の配当であると指摘している。

日本の精神医学の父と言われる、東京帝国大学教授の精神科医・呉秀三が、日本各地の私宅監置部屋、いわゆる座敷牢を調査した『精神病者私宅監置ノ実況及ビ其統計的観察』（樫田五郎との共著）のなかで、「わが邦《くに》十何万の精神病者は実にこの病を受けたるの不幸の他に、この邦に生まれたるの不幸を重ぬるものというべし」と書いたのは、一九一八年のことである。

国家が座敷牢を公認した「精神病者監護法」という法律こそなくなり、一九一九年には精神病院法、一九五〇年には精神衛生法が制定されたが、日本において精神科病院が急激に増えたのは一九六〇年代。一九六四年には、ライシャワー駐日大使が統合失調症の少年に刺される「ライシャワー事件」が起こり、「精神病患者を野放しにするな」という意見が新聞にも掲載される。前述のように一九六〇年に制定された医療金融公庫法により、民間の精神科病院が全国の山間地を中心に乱立する。今回事件の起こった神出病院も、一九六三年に、兵庫県の人里離れた場所に設立されている。

一九六八年には、WHO（世界保健機関）より派遣されたクラーク博士が、日本の精神病床は多すぎることを指摘。これがクラーク勧告である。そのなかでクラーク博士は、このままでは若い入院患者が今後三〇年間在院し、病院は施設症化した老人であふれるだろうと警告しているが、この予言は的中したといっていい。まさにこの年、初めての入院をした伊藤時男もそのような被害者のひとりであり、その背後には、病状は安定していたのにもかかわらず病院で一生を終えた数多くの患者が存在する。

一九八四年には、栃木県にあった九〇〇床近い巨大精神科病院の宇都宮病院で、患者を木刀で殴るなどの凄惨な暴行が日常的に行われていたことが発覚。これが宇都宮病院事件である。これを受けて一九八七年に精神保健法、その後、一九九五年に精神保健福祉法が制定される。

私も日本福祉教育専門学校の授業で、こうした負の歴史について学んだが、二〇二〇年の神出病院のニュースに触れて、その負の歴史は決して過ぎ去った歴史ではなく、二一世紀になっても現在進行形のものであることを思い知らされた。宇都宮病院事件のような虐待は過去のものだと思っていたが、それは希望的観測に過ぎなかった。

精神科病院における身体拘束も依然として行われている。二〇一七年には、英語教師をしていたニュージーランドの青年が神奈川県内の病院で身体拘束されたのちに死亡。その後も身体拘束をめぐる訴訟が相次いだ。ときに数十日にも及ぶ身体拘束は本当に治療上必要だったのか。身体を拘束しない治療はできなかったのか、それぞれのケースで医療行為の妥当性が問われている。

二〇二〇年には世界を新型コロナウイルスの猛威が襲った。それは精神科病院でも例外ではなく、沖縄県うるま市の老年精神科病院ではクラスターが発生し、七一人が亡くなった。それはいまなお、閉鎖性、密集性が特徴である精神科病院の特性ゆえに起こった悲劇でもあった。

また、二〇二三年には、東京都八王子市の精神科病院・滝山病院の看護師が患者に対する暴行の疑いで逮捕され、NHKなどの報道で、長年にわたり患者への虐待が行われていたことが明らかとなり、社会に衝撃を与えた。精神科医療の負の歴史は、いまもなお続いているのである。

医療観察法反対運動の系譜

医療観察法に反対する人たちにとって、こうした精神医療の負の歴史は、医療観察法における保安処分、予防拘禁という命題と同一線上でつながっている。集会の主催者のひとつである、「心神喪失者等医療観察法（予防拘禁法）を許すな！ネットワーク」の長谷川幸枝に話を聞いた。

「私はもともと、一九七〇年代から出版社で労働組合の活動をしていました。そのころ東京都内の労働争議では、刑事弾圧がよく行われていました。私たちの闘いに対しても、公務執行妨害や家宅侵入など、警察がさまざまな罪名をでっちあげて争議をやめさせる、〝争議つぶし〟がしばしば行われていました」

七〇年代といえば、医療観察法ができるよりずっと前だから、息の長い活動である。使っている用語などが往年の学生運動を連想させるが、長谷川によると、学生運動から直接つながっている活動ではないようだ。

「とはいえ、七〇年代の闘いは、学生運動を経験して社会に出た人たちが多く参加していたので、学生運動と無縁だったとは言えないですね。私たちが活動を始めた七一年には、当時嘱託社員と呼ばれていた、臨時労働者を考慮する組合はほとんどありませんでした。私たちが臨時労働者の権利も訴える組合を結成すると、会社の経営者はそのような組合はいらないと言って、労働組合の役員の解雇や、会社のロックアウト（会社を閉鎖して労働者に就業させないこと）といった攻撃が始まりました。自身がそういう攻撃を受けたから、保安処分に関する問題は無関係ではない。刑法に対する保安処分運動、すなわち罪を犯した人ではなく、罪を犯しそうな人ということであらかじめどこかに閉じ込めるということは許さない、との思いでこの問題に取り組み始めたんです」

この長谷川への取材は、都内のマンションの一室にある岡田靖雄の仕事部屋で行われた。岡田靖雄は一九五五年に医学部を卒業し、一九五八年から東京都立松沢病院、東京大学医学部などに医師として勤務した経歴があり、長年保安処分反対の活動を続けてきた。精神医療の歴史の研究家でもあり、『日本精神科医療史』（医学書院・二〇〇二）などの著書もある。長谷川は週一回程度、岡田の資料整理や事務などの助手を務めている。

長谷川が提供してくれた二〇一六年九月発行の日本精神神経科診療所協会誌『日精診ジャーナル』四二巻五号（第二二四号）別刷「保安処分から医療観察法へ」（岡田靖雄）および『日本精神科医療史』によると、一九六五年一〇月、『精神神経学雑誌』第六七巻第一〇号に「刑法改正に関する意見書（案）」が出て、そこには刑法に保安処分を導入するだけでなく、「準備草案に規定している治療処分と禁断処分のほかに危険な常習犯人に対する保安処分を規定することが望ましい。さらに労働嫌忌者に対する労働処分、保護観察などの非収容処分、去勢の措置なども考慮すべきであろう」という箇所まであったため、医師の間で大問題になった。

『日本精神科医療史』によると、この「去勢の措置」に関しては、のちに刑法改正問題研究委員会から「労働嫌忌者とは労働嫌忌により犯罪をくりかえす者で、去勢は性犯罪者にたいするものだ」という説明があったが、前述の文章が「労働嫌忌者に対する去勢の措置」と読めたため、当時精神科医の間では、「おまえ、出勤がおそいからキンヌキだぞ」といったジョークが囁かれたという。こういった問題を受けて、一九六九年には、五月に金沢で行われた第六六回日本精神神経学会で理事会が不信任され、新理事会は保安処分反対の方針を表明し、紛糾する事態となった。

「保安処分から医療観察法へ」には、資料として、「朝日新聞」(一九七〇年三月一七日付朝刊)に掲載された、「論争」という記事のコピーが掲載されている。そこでは、「再犯のおそれある精神障害者の保安処分」というテーマについて、当時東大医学部助手だった岡田靖雄が反対、一橋大学名誉教授の法学者、植松正が賛成の論陣を張っている。記事の上部に掲げられている記者による導入の文章が、当時の状況を簡潔に要約しているので、まずこちらを引用する。

「精神障害者の犯罪から社会を防衛しよう——という ねらいで刑法改正の中に、精神障害者の保安処分制度が盛込まれる見通しだ。精神障害者が犯罪をおかしても、心神喪失などで不起訴や無罪になったり、軽い刑ですみ、精神病院にさえ送られずに、社会に放り出される例が多い。たとえ、入院させても犯罪傾向の強い患者は、むしろじゃま者あつかいにされ、中途半ぱな治療を受けただけで退院させられがちだ。こうして社会に戻った精神障害者が犯罪を繰返す例は跡を断たないともいわれる。このため、法制審議会刑事法特別部会(小野清一郎部会長)は昨年末、再び犯罪をおかすおそれのある精神障害者やアルコール、麻薬中毒者を、法務省管轄の施設に隔離して治療を受けさせる保安処分制度を設けることを決めた。これに対し、厚相の諮問機関である中央精神衛生審議会(内村祐之会長)は、こうした制度の必要性は認めながらも、法制審議会側の案が、社会防衛に重点を置き過ぎているきらいがあるとして、再考を求める態度でいる。だが、その一方で、若手精神科医を中心に、保安処分制度そのものに反対する動きも強まっている。そこで、社会防衛重視の立場から、特定施設への収容を強く主張する刑法学者の植松正氏と、人権を守る観点から、隔離よりまず精神医療の充実を――と、この制度新設の撤回を説く精神科医の岡田靖雄氏に、保安処分の是非をめぐって論じてもらった」

各氏の論を見てみると、賛成側の植松正は、

「精神障害者が犯罪行為をした場合に、今の法制では、その精神障害の程度に応じて、裁判所が無罪にするか、刑を減軽するかする。無罪にする場合には、行為者を責任無能力者であるといい、刑の減軽に値するにすぎない場合には、行為者を限定（減低）責任能力者だという。このように責任を減免するのは、刑罰というものは行為に対する行為者の道義的責任を追及し、これを非難し懲戒するために科するのだからである。

ところが、無罪になった者が放たれてすぐ人を殺したり火をつけたりするのでは、社会は不安におののかなければならない。刑を減ぜられた者がそれだけ早く放たれる場合も、同様である。精神障害者がみな危険なのではない。しかし、犯罪性の精神障害者は、社会一般の人の常識では考えられないような行動をするところに、特別の危険がある。社会の安全を保つためには、これらの精神障害者を無害化することが必要であり、そのために治療手段を施すことも必要であるが、同時に、現実には、無害化の実のあがるまで、社会から隔離して、社会をその侵害から守ることも必要である。来たるべき新刑法においては、保安処分制度の採用という形において、そのことを行おうとしている」とし、現行の精神衛生法の下での措置入院制度は社会を安心させるものにはなっておらず、取り扱いが困難な犯罪性精神障害者が犠牲者を発生させないようにするために

は、保安処分制度が必要である。「保安処分」という名だけ聞いて感情的に反発する人はもっと実体を知る努力をすべきであり、「何と名を付けようと、社会の安全確保と反社会性のある者の自由拘束とは、しょせんは衝突する要素を持っている。どこかに妥協的調和を求めなければならない」として、保安処分の必要性を説いている。

これに対し、保安処分に反対の岡田靖雄は次のように反論している。

「精神障害者の行なった犯罪行為が精神障害によるものであれば、犯罪行為の繰返しをふせぐのに必要なのは、精神障害の治療である。それには、現在の精神医療の欠点を是正し充実していけばよく、保安処分制度をもうけるべき意義はない。また、精神障害と犯罪行為との間に直接の関係がないならば、精神障害者を対象とする保安処分制度をとくにもうけなくてよいのである。

精神障害者は社会的に危険な存在であると一般に考えられているようであるが、この通念は正しくない。一部の精神障害者の行動は非社会的ではあるが、反社会的ではない。そして、精神障害者のしめす社会的問題行動は、かれらを本当の意味で医療していくことを通じてはじめて防止できるのである。本当の医療とは、早期に発見して、できるだけその人の社会生活の場で、一貫した治療をつづけることである。そのさいの基本目標は、症状を単にけそうとするよりは、その人が社会人として充実した生活をおくれるようにすることである。そのためには、従来精神医療の中心とされてきた病院医療の整備はもちろんだいじだが、地域精神医療・精神衛生活動の充実がぜったいに不可欠である」とし、以下のように続ける。

「法務省管轄のものとしてつくられることになる保安施設は、治療的ふん囲気をもりあげようといくら努力しても、半刑務所的性質を脱しきれまい。とうぜん、そこでは真の医療がおこなわれるはずがない」

医療観察法は保安処分なのか

刑法に対する保安処分導入の動きは、一九七四年の「改正刑法草案」など、たびたび検討されたが、そのたびに反対論が多く、具体的な改正までには至らなかった。その背景には、日本における精神医学の中心的な学会である日本精神神経学会をも巻き込んだ保安処分反対闘争の影響もある。

長谷川が提供してくれた資料によると、長谷川らの保安処分反対闘争のルーツは以下のようなものだ。

七四年三月「刑法改正・保安処分に反対する百人委員会」（百人委員会）結成
七九年五月「刑法改悪阻止・地域に反弾圧の陣形を！全都労働者集会」結成で恒常的な体制へ
八一年一一月「刑法改悪阻止！保安処分粉砕！全都労働者実行委員会」（全都実）結成

その闘争の経緯は六つのフェーズに分かれる。
七一年〜「刑法改悪阻止・保安処分粉砕の闘い」
八二年九月〜「刑法改悪・拘禁二法阻止・精神衛生実態調査阻止闘争」
八六年三月〜「精神衛生法撤廃闘争」
八九年一〇月〜「処遇困難者専門病棟新設阻止闘争」
〇一年一月〜「医療観察法成立阻止闘争」
そして、〇三年七月一〇日に医療観察法が衆議院で強行採決され、可決・成立。
〇三年一一月〜「医療観察法廃止闘争」
同時に「予防拘禁法を廃案へ!・共同行動」が解散し、「心神喪失者等医療観察法（予防拘禁法）を許すな!・ネットワーク」が結成され、現在に至る。

さて、長谷川のインタビューに戻ると、長谷川はもともと労働問題の活動をしていたのであり、特に身近に精神障害の当事者がいたわけではない。それがどうして精神障害者に対する保安処分の問題に関わることになったのだろうか。
「保安処分は精神科だけではなく、精神障害者に加えて薬物中毒者、それと当時の言い方で労働嫌忌者と呼ばれた人たちが対象になっていたんです。そういう反社会的であり、国家にとって有害とみなされた人たちを収容しようという動きに対して私は闘ってきました。法務省は刑法に保安処分を導入したかったけど、反対が多くて実現しなかった。そしてその機会を虎視眈々と狙っていたときに、〇一年の池田小事件があり、それを機に厚生労働省と法務省が精神障害者は危ないから特別な法律が必要だ、というキャンペーンを張ったんです。法務省が保安処分を導入しようとして失敗したから、法務省と厚生労働省が共同で医療という名前をつけた法律を作った。その背景にあるのは精神障害者に対する差別です」

保安処分という言葉自体が現在ではあまり馴染みのない用語である。医療観察法に反対する人たちへの取材を始めたときに、保安処分という用語が出てきて、正直に言うと最初はよく意味が分からなかった。しかしある世代の活動家の人たちにとっては、特別な意味を持つ言葉のようである。

長谷川はいまの医療観察法対象者の入院施設も保安処分の施設だというが、実際に見学したときの私の印象では、隔離収容ではなく医療のための施設であるように見えた。確かに警備は厳重だが、対象者が行った行為を考えればそれもやむを得ないと思う人も、世間には多いだろう。長谷川に問うた。

「確かに一般の人の感覚では、事件を起こした精神障害者は刑務所のようなところにいてほしいというのはあるでしょうね。でも精神障害者の犯罪って、統計的にはそうでない人よりも少ないんですよ。危険な人たちではなくて、むしろ社会を怖がって小さくなっている人たちなのに、マスコミが危険なイメージを作り上げている。精神障害者の起こした事件はそれほど多くないのに、それを大々的に報道して、精神障害者差別を煽って、だから保安処分的な法律が必要なんだよというアピールを昔から延々と続けている。

被害者の感情については、確かに私も被害者の立場になれば、事件を起こした人が憎いという感情にもなるでしょうけど、では加害者が苦しめば被害者は満足するのかというと、それも違うと思う。罪を犯さざるをえない状況に追い込まれて犯してしまった人の尊厳を守ることも必要だと思うんです。病気のために罪を犯してしまった人なら、きちんと治療するべきですよね」

それでは、医療観察法を廃止したあとにどういう制度を作るべきなのだろうか。

「それを言われると難しいのですが、重大な犯罪を犯した人たちだからといってその人たちだけを集めて隔離収容することはない。そういう行為をしていない人と同じ場所で治療すればいいし、精神科の単科の病院ではなくて、総合病院で治療すればいいと思っています。犯罪をする人って、社会のなかで苦しくなって追い詰められて、そして事件を起こさざるを得なくなった人が多いと私は思っています。だから、そういう人が生まれてしまう国のシステムを変えていかないとダメですよね。いまだってコロナ禍のなかで、非正規雇用の人が総労働者数の約四割もいて、その人たちは本当に大変な生活を送っていますよね」

二〇〇三年に医療観察法ができて、取材時の二〇二一年で一八年。この間、精神障害者をめぐる状況は悪くなっていると長谷川は言う。

「日弁連も昔は医療観察法に反対していたのですが、医療観察法が成立してしまったら、反対を言わなくなったんです。京都の洛南病院や、福島の矢吹病院にも医療観察法病棟の新設計画が進んでいます。北海道大学病院の新設計画は、なんと刑務所の敷地内に病棟を作るというものです。刑務所内に病棟を作るというのは、精神障害者の医療のための法律だというふりをする必要すら、もはやない。保安処分のための法律なんだということを公然と認める方向に舵を切ったんだと思います」

長谷川の医療観察法反対への信念は固い。

制度がスティグマを生み出すのか？

医療観察法に反対する人たちの主な論点のひとつは、医療観察法病棟への入院が、人権を損ねる不当な拘禁になっているのではないかという懸念である。

東京都東村山市の精神科病院・多摩あおば病院の副院長（現、院長）である中島直《なおし》医師は、自らも措置入院の精神科患者の治療に携わりながら、医療観察法については、雑誌『精神医療』などで反対の論陣を張ってきた。二〇二一年の八月、コロナ禍の感染が急拡大し、多摩あおば病院でもクラスターが発生という緊急事態のさなかではあったが、Ｚｏｏｍで取材に答えてくれた。

「私がどうして医療観察法に反対しているかというと、一番の理由は治療になっていないということなんです。とにかく入院が長くて、一年で退院する人が数％しかいない。普通はひどい病院でも一年で九割近くは退院するのに、医療観察法病棟ではその逆で、一割も退院しない。医療観察法病棟に入る人も、実はその大半はそれほど病気が重くない人なんです。そういった一般医療なら三ヵ月くらいで退院するような人が、医療観察法では一年半とか二年とか当たり前のように入院している。また、本来病状が重い人なら、退院して通院するようになっても、入院していたときに診てもらっていた同じ医師に治療を受けた方がいいのに、医療観察法では制度上、入院処遇と通院処遇の医療機関が分かれているので、退院した時点で主治医が変わってしまう。治療が全然一貫しないわけです」

中島医師によると、医療観察法ができる前の、精神保健福祉法による措置入院でも何年にもわたり入院している人はいたが、その人数は少なかった。いまは医療観察法が制度上、長期入院者を作り上げてしまっているという。

「明らかに悪いのは、医療観察法がひとつのスティグマになっていることです。グループホームにしても、作業所にしても、医療観察法の人は受け入れないというところがいっぱいある。退院後の住まいや通院先を見つけるのが大変だったり、住む予定のところの近辺に指定通院医療機関がないから退院が延びるとか、そういうことがいろいろある」

医療観察法が保安処分なのか、という問題に関しては、保安処分の定義にもよるし、ドイツにおける保安処分ではパーソナリティ障害の人を処遇しているのに対し、医療観察法ではパーソナリティ障害のみを持つ人は入れない前提になっていることを考えると、その点においては保安処分ではない。ただし、保安処分に似通ったものは持っていると語る。

「私は国立精神・神経医療研究センターの倫理会議にも加わっています。平林先生はよく存じ上げていますし、良心的に病棟を運営していると思いますが、医療観察法には制度として構造的な問題があると思っています。医療観察法病棟に入るにあたっては、まず一般の精神科病院に鑑定入院する。その期間は二ヵ月とされていますが、多くの場合三ヵ月に延びます。私の病院でも鑑定入院を受け入れていますが、三ヵ月といえば、その間ちゃんと薬を与えて治療すれば、急性の精神疾患は多くのケースでよくなってしまう。それなのに、それから医療観察法病棟に移って、別の先生に変わって、治療が寸断されてしまう」

現行の医療観察法に問題があって廃止すべきと主張するのであれば、それではどのような制度にすべきなのだろうか。

「仮に、たとえば人を殺した精神障害者が公判で責任能力なしとされ、短期間で社会に出てくることにどうしても問題があると考えるのであれば、それは刑務所に行ってもらう、そのためには医療刑務所をいまより充実させる必要があると思います。逆にそういった人がなかなか社会に出て来られないのが問題であるならば、地域のなかで丁寧な医療をする施設や、社会復帰に向けての体制をきちんと構築していくべきです。その対象は触法精神障害者に限りません。重大な触法行為をしていなくても、社会で生活するために丁寧なケアが必要な人はたくさんいます。そういう人をきちんと面倒見るシステムを全国に作って、場合によってはそこに触法精神障害者も入れるようにする。そういうふうに入院だけじゃなく、地域の資源も手厚くしていくことが必要だと思います」

医療観察法制度にお金をかけるだけではなくて、一般の精神保健福祉をもっと充実させるべきだというのである。

「実家に戻れないときに退院後どこに住むか、が大きな問題なのですが、うちの病院では、病院の近くにアパートを借りてたくさんの人が退院しています。アパートの住民の全員がうちの患者さんだとか、そういうところがいくつもあります。そのなかには殺人歴がある人も放火歴がある人もいる。地域住民から、庭に空き缶を捨てられたとか、タバコの吸い殻が落ちているとか言われることはあるので、謝りに行ったりしています。問題が起こったことがないと言えば嘘になりますが、それでも社会問題になるほどのことは起こさずにここまで来ています」

殺人歴や放火歴のある人を大家に受け入れてもらうこと、不安がる地域住民を説得することの苦労は並大抵ではないはずだ。中島医師もまた触法精神障害者の社会復帰を真に願う人であるのは確かなことだろう。

「精神障害者は治安を乱す」という先入観

第六章にも登場した佐々木信夫弁護士が抱える案件はほとんどが精神障害者にからんだもので

ある。原告が精神障害者の事件を弁護したり、病棟で不当に身体拘束されているという訴えがあったら、拘束を解くために病院に抗議に行くこともある。その根底には、精神障害者の権利が不当に損なわれるのを防ぎたいという切実な思いがある。佐々木弁護士は言う。

「医療観察法の対象者について言えば、彼らは刑事責任が問えない立場にあります。その人たちを拘禁するというのは本来はすごくイレギュラーなことであって、手続きをすごく厳重にしなければいけないはずなのに、現状はもう、ゆるゆるなんです。たとえば刑事裁判で人を拘禁するときは客観的な証拠がなければいけないですよね。でも医療観察法の審判では、刑事事件の基本的な手続きを保障せず、伝聞証拠といって間接的な証拠や本人の自白ではこう言っている、ということで決めつけています。

審判には精神科医一名と裁判官一名、参与員というワーカーが一名入るのですが、彼らは法的な権利保障の基本を守っていない。私がけしからんと思うのは、医療観察法はその人の社会復帰のためという建前なのに、それについては話し合わない。では審判で何をやるかというと、普通の訴訟なら不利なことは言わなくていいという権利が守られているのに、審判ではその黙秘権保障もない。それで正直に言ってごらん、と言われて、世の中に敵がいっぱいいて、とかぽろっと思ったことを言っちゃうと、それをもって妄想があると判断される。一見和気藹々とした雰囲気で進めながら、言ったことを全部不利益に取るから、本当に卑怯だと思う」

医療観察法の審判は裁判と違って非公開で、弁護士は付添人という名目で同席する。『Q&A

心神喪失者等医療観察法解説　第2版　補訂版』（三省堂）によれば、付添人とは、対象者の立場に立ち、対象者の権利や利益を擁護するために制度として認められているものだとされる。しかし佐々木弁護士によると、普通の裁判における弁護士のように、訴訟構造においてしっかりした役割がないことに問題があるという。そして、審判の結果としての医療観察法病棟への入院期間であるが、同書によると、「18か月で退院させる入院処遇ガイドラインを作成しているが、実際には18か月を超える入院事例は珍しくなく、近時は長期化が進行し、推定入院期間は2014年度調査において中央値750日、平均値925日となっている（厚生労働科学研究～2014年度医療観察法の向上と関係機関の連携に関する研究）」という。

「本当にその人が危険ならば私も納得するよ。でもそうじゃない。決して危険な人というわけではなく、たとえば家族内でけんかをして妹を殴って怪我をさせたとか、そういう事案で何年も入っている。一回はやってしまったけれど、そういうことをはたして何回も繰り返しますか、という話なんです。そのときに精神障害だったということで、またやるんじゃないかと拘禁されているんだけど、それは予防拘禁であって、こんな不合理な話はない。社会復帰のためといいながら、要はまたやるんじゃないかといって人を拘禁している。刑事的責任を問えないという判断をしたのに、拘禁するというのは論理的におかしいし、一般人はもう一回犯罪しそうだからといって拘禁されないでしょう。犯罪をやりそうだから拘禁する、これはできないというのが近代国家の大原則なのに、そこのタガが外れてしまっている」

佐々木弁護士は、日本の精神医療の世界は身内に甘く、精神医療をチェックする機関として存在している精神医療審査会にしても、実際にはチェック機関として機能していない、自らを省みる自省力のない世界だと述べる。

「刑法三九条についてはいろいろな議論がありますが、私は、犯罪の責任を問えない状況というのはあると思う。だけどその人たちは怖いからやっぱり閉じ込めよう、というのが医療観察法で、それなのに素直に『怖いから』といわずに『社会復帰のため』と言っている。すごくねじれている制度だと思うんです。犯罪が不条理なのは何も精神障害者に限ったことではないし、精神障害者の事件の背景にも、その人の孤立や社会的な窮状があることがほとんどなのに、精神障害者は治安を乱すものだという先入観でその背景が見えにくくなっている。そういう精神医療をめぐる状況を、なんとか変えていきたいと私は思っているんです」

また、第三章に登場した池原毅和弁護士は、医療観察法に疑問を唱える立場から、国立精神・神経医療研究センターの医療観察法病棟で、対象者の相談業務に携わったこともある。池原弁護士はこう話す。

「この法律の問題点は、医療であるといいながら、実質的には社会防衛のための法律であるということです。実際には精神障害の程度が軽い人が殺人などの犯罪を犯すこともあるはずなのですが、この法律では、重大な他害行為を行う人は病気も重いだろうという前提で、犯罪の重さで治療の長さが決まるということが起こっている。入院が長くなるほど社会生活と断絶してもとの生活に戻りにくくなりますし、さらに問題なことには、医療観察法病棟を出たあとに自殺してしまった患者がかなりの数にのぼっています。医療観察法というこのシステムが対象者に対して社会的孤立を与えてしまっているのではないか、きちんとした検証が必要とされていると、私は考えています」

これらは、いずれも精神保健、精神医療の最前線にいる専門家からの使命感と危機感から発せられたメッセージだと言っていいだろう。

反対運動を別の側面から見る

一方で、これらの医療観察法反対の論評に対して批判的な見方をする専門家もいる。

ここまで見てきたように、医療観察法に反対の声を上げ続けている人がしばしば口にするキーワードが「保安処分」という用語である。このキーワードとともに、医療観察法が成立するずっと以前から、ある種の闘争が繰り広げられてきた。しかしもはやこの反対運動は過去のものであるとして、医療観察法反対論の不毛さを指摘するのが、獨協医科大学埼玉医療センターこころの診療科教授で、専門書から一般向けまで多くの著書がある井原裕医師である。

現在、井原医師は、医療観察法の制度のもとで、事件を起こした精神障害者の精神鑑定結果を精査し、対象者に入院が必要かどうかなどを法廷で裁判官とともに審判する精神保健審判員としても活動している。井原医師は、一九七〇年代から八〇年代にかけての精神医学界の保安処分反対論者は、学生運動に挫折した当時の新左翼の影響を受けていたと説明する。

「新左翼、といっても今の若い人にはピンと来ないでしょうが、保安処分反対を唱えていた人のなかには、新左翼運動の影響を受けた人がいたんです。六〇年代には中核派や革マル派といった党派が活発に活動しましたが、その果てに過激化、武装集団化し、連続企業爆破事件などの事件が起こって、新左翼運動は一般市民の支持を失いました。そのため、一般市民の支持を得るために見つけてきたのが三つのテーマです。一つめは三里塚問題。成田空港闘争です。成田に飛行場ができてそこが軍事目的に使われそうだから、土地を奪われそうになっている農家と連帯して反対する。二つめは山谷などの日雇い労働者の町で炊き出しなどをして、貧困問題に取り組む。そして三つめが、精神障害者を含んだ障害者問題です。マルクス主義には虐げられた階級の人々がプロレタリアート革命で社会を変えていくという階級闘争史観があるのですが、彼らはそこに障害者問題を持ち込み、あたかも精神障害者階級というものが存在して、それが社会を変革するという歴史観を着想したんです。普通に考えて牽強付会も甚だしいと思うんだけれど、そういう新左翼のメンバーが、東大、京大などの旧七帝大系の医局でお家騒動をしていた若い精神科医と結びついた。そこで保安処分反対運動というのが細々と続けられていったというところなんです」

このように語る井原医師自身、医学生時代には保安処分反対の集会に参加して、「保安処分反対！」のシュプレヒコールを目撃したこともあった。一九六九年に金沢で行われた日本精神神経学会では、投げられた椅子が飛び交う異様な雰囲気の中、保安処分反対の決議がなされたが、日本精神神経学会ではその後も、精神障害と犯罪に関連するシンポジウムが開かれては、修正論者を反対論原理主義者が吊し上げる〝公開処刑〟が恒例のように行われていた――と井原医師は語る。

「私自身はその後、保安処分というのは社会にとって必要であると考えるようになりました。もちろん医療観察法だって基本的には治療のための法律であって、治安維持のための法律ではありません。それでも、精神障害者に家族を殺された人の立場に立てば、危険な行為をする可能性のある人間が街を歩くときに、責任を持ってチェックするシステムは必要なんです。いまはその責任が、本来治安維持の責任を担うべきではない精神保健福祉法、及び医療観察法に丸投げされてしまっています。この点は問題だと考えています。治安の維持は精神保健福祉法や医療観察法の役割ではなく、刑事法の役割なのです。例えば、刑事訴訟法の第一条には、『この法律は、刑事事件につき、公共の福祉の維持と個人の基本的人権の保障とを全うしつつ、事案の真相を明らかにし、刑罰法令を適正且つ迅速に適用実現することを目的とする』とあります。この公共の福祉の維持というのは治安のことですよ」

これに対し、医療観察法の第一条は、「この法律は、心神喪失等の状態で重大な他害行為（他人に害を及ぼす行為をいう。以下同じ。）を行った者に対し、その適切な処遇を決定するための手続等を定めることにより、継続的かつ適切な医療並びにその確保のために必要な観察及び指導を行うことによって、その病状の改善及びこれに伴う同様の行為の再発の防止を図り、もってその社会復帰を促進することを目的とする」というものであり、そこには公共の福祉の維持、すなわち治安維持という目的は含まれていないと井原医師は言うのである。

「私は刑法、および刑事訴訟法のなかに、公共の福祉と個人の基本的人権の保障と二本立てにしつつ、精神障害者に対する規定も作るべきだと考えています。保安処分という言い方はあまりにスティグマ化していますので、刑事治療処分と言い換えてもいいでしょう。刑法のほうに精神障害者に関する規定がきちんと入っていないために、医療観察法が治安維持の役割まで背負わされている。さらに問題なことには、精神保健福祉法による措置入院という形で、一般の精神科病院で危険な行為を行った精神障害者の予防拘禁も行われている。ここで行われているのは、逮捕状なき逮捕、裁判なき無期拘禁。措置入院こそが保安処分化しているというのが、私の主張です」

医療は決して治安維持のために使ってはならない。だからこそ、医療観察法ではなく、刑法のなかにきちんと精神障害者の処遇に関する条項を、厚生労働省ではなく法務省の管轄で定めるべきだと、井原医師は主張する。

「いわゆる保安処分反対派の人たちは、国が強制力を発動することについては全部反対なのだと、そのように私の目には映ってしまいます。長年反対しているので、いまさら引っ込みがつかないのでしょう。しかし、彼らの反対のために刑法に精神障害者の処遇に対する規定が入れられず、治療と社会復帰のための制度のはずの医療観察法に、精神障害者をめぐる治安の維持の責任が丸投げされていることが、私は問題だと考えているのです」

刑法の中の精神障害者に関する規定といえば、これまでにも取り上げてきた第三九条である。

一　心神喪失者の行為は、罰しない。
二　心神耗弱者の行為は、その刑を減軽する。

これだけの短い条文で、そこには心神喪失、心神耗弱に該当した精神障害者をどう処遇し、どう治療するかという内容は含まれていない。

実は、これに続く第四〇条という条文があったのだが、その第四〇条は、現在削除されている。削除されたその条文は次のようなものであった。

瘖唖者《いんあしゃ》ノ行為ハ之ヲ罰セス又ハ其刑ヲ減軽ス
瘖唖者とは、主に聴覚障害により、言葉を発することができない人のことを指していた。この条項は、聴覚障害者は知的能力が低く、責任能力がないと考えられていたことから設けられていたが、当の聴覚障害者たちから、聴覚障害者は知的能力が欠けるものではないのだから、これは聴覚障害者を差別している条項である、聴覚障害者も障害のない人と同じように犯罪を犯した場合は罰せられるべきだ、という声があがり、第四〇条は一九九五年に削除されたのである。

それでは、第三九条についてはどうだろうか。「心神喪失者や心神耗弱者は殺人などを犯しても無罪になったり減刑になることがある」というこの条項は、「精神障害者とは、自分の行為の善悪を判断できない人たちだ」という、精神障害者全体に対する偏見を強めているように思える。「精神障害者」という言葉の印象は強いが、精神障害者保健福祉手帳を所持したり、精神障害で障害年金を受給している人と接しても、善悪の判断もつかないほど正常な思考が持てない人など、実際にはほとんどいない。その多くは、普通にコミュニケーションの取れる、どこにでもいるような人たちである。刑法第三九条について、精神障害者への偏見を助長し、差別している条文であって、これを削除して犯罪を行った普通の人と同じように罰するべきではないか——このように考える論者もいて、そのひとりである刑法学者の佐藤直樹は、二〇〇六年に『刑法39条はもういらない』（青弓社）という本を刊行している。

井原医師は、そのような意見に一理あることは認めながらも、やはり刑法三九条は必要だという。

「私は少年犯罪の精神鑑定もやっているのですが、そのなかには学校でずっといじめられて、窮鼠《きゅうそ》猫を噛むようにして、隠し持っていたナイフでいじめっ子を刺してしまうとか、被害者によるいじめ行為が極めて悪質だったようなケースもあります。そういう子に厳罰を加えることに果たしてどれほどの意味があるか。また、老老介護、あるいは認知症の人が認知症の人を介護する認認介護のようになっていた夫婦が、疲れ果てて夫が妻を、あるいは妻が夫を殺してしまうとか、このような老人を断罪しても意味はないでしょう。そういったケースに対して、精神鑑定で心神喪失や心神耗弱ということで無罪や減刑になることがあります。いつでも厳罰ではなくて、事情によっては罪を犯した人に対しても敗者復活の機会を与えてまた社会に出られるようにしなければならない。刑法のなかにもそのような寛容さ、寛大さを許容する余地がなければ、刑法があまりに非人道的なものになってしまうと思います」

しかし、そのようなケースで罪を軽くする場合、それは情状酌量によってなされるべきで、刑法三九条を適用するのはおかしいのではないだろうか。

「それはとても鋭い指摘で、私も『精神鑑定の乱用』(金剛出版)という著書でまさにそのことを述べています。心神喪失、心神耗弱と情状酌量は本来違うカテゴリーの話ですが、そこを一緒にしてしまっている混乱が精神鑑定人にも裁判官にも生じています。その理屈を作っている刑法学者の間でもそうです。このように刑法三九条を巡っては、責任能力論の常識から離れた運用もされてしまっている現状があるのですが、だからといって刑法三九条を削除してなくしてしまったほうがいい、という意見には私は反対です。実際に幻聴が聞こえてその影響下で人を殺してしまったという例はあるし、さきほど例に挙げた高齢者の介護犯罪の場合でも、精神的に視野狭《きょう》窄《さく》になり、睡眠不足もあって意識が朦朧となり、正常な判断ができない状態に追い込まれて起こしてしまった事件というのはあるので、そういった場合には犯行時の精神状態が正常でなかったことを考慮して刑を減軽する制度が、絶対に必要だと思います」

このように語る井原医師は、保安処分反対という運動を今も続けている人たちに対しては、批判的だ。

「新左翼も含めた反精神医学運動、つまり精神医学の非人道的な側面を批判してきた運動そのものについては高く評価していますし、そういった主張をする医師に親しい人もたくさんいます。私自身もその考えの影響下で精神科医として生きてきたという自覚もあります。精神医学の問題点を指摘してきた反精神医学のこれまでの活動に対して、私は最大限の賛辞を送りたい。ひとつの例外を除いて。その例外が保安処分反対です。保安処分問題に関しては、彼らの考えは浅はかだったと思います。なぜなら、保安処分を作らなければ、従来の措置入院制度のなかで予防拘禁が行われる。一般の精神科病院が留置所・刑務所の代わりをやらされるからです。現に、いままで も精神科病院はその役割を担わされていて、保安処分反対論者が厚かましくもそこの院長だったりしていました」

井原医師は、自身の考えとしては、医療観察法ではなく、刑事法のなかに精神障害者の治療と公共の福祉、つまり治安維持を両立させる項目を作るべきだとしながらも、現行の医療観察法も、すでに他害行為を行った精神障害者の治療について、多くの経験を蓄積していると語る。

「国民の税金から大金を預かって医療観察法の医療を行うことで得られた治療経験、そして社会復帰へ向けての経験の蓄積は、すでに膨大なものになっています。それだけの実務経験とそれをもとにした研究の蓄積は、今後しかるべきときに、刑事法のなかに保安と治療を両立させる法律制度を作るときにも、とても重要な基盤になるはずだと、私は信じているのです」

歯に衣着《きぬ》せぬ論調で保安処分反対の論者を批判する井原医師は、治安維持と治療という根本的に矛盾するふたつの命題を、ひとつの制度のなかでどうしたら共に実現できるか、考え続けているように感じられた。

なお、一般の精神科病院が措置入院の制度のなかで保安処分を行わされて医療刑務所化しているという井原医師の指摘について、前出の中島直医師に聞いたところ、「その問題意識は理解できるが、措置入院の大半は緊急入院で、長期化する人はごくわずかなので、数の上ではその認識は間違っています」とのことだった。

厚生労働省と法務省の見解

批判されることの多い医療観察法という法律と、その法律下での医療の状況について、国はどう考えているのか。この法律を管轄する厚生労働省と法務省にも問い合わせた。

答えてくれたのは、厚生労働省の医療観察法医療体制整備推進室の担当者と、法務省の刑事局および保護局。コロナ禍ということもあって、対面での取材はかなわず、厚生労働省は電話、法務省はＺｏｏｍでの対応であった。コロナ禍にあって誠実な対応であったと思うが、その回答は、疑問が残る内容だった。

二〇〇三年に医療観察法が成立した経緯については、法務省によると、二〇〇一年六月に池田小事件が起こるよりも五ヵ月前の同年一月から、法務省と厚労省の合同検討会を始めていた。精神保健福祉法の措置入院だけではカバーできない事例があるとのことで検討が進められたもので、二〇〇二年に法案が閣議決定されて国会に提出されたという流れになる。

それ以前の経緯としては、一九七四年に改正刑法草案というものが法務省の法制審議会でまとめられていた。このなかに諸外国の立法例を参考にしながら、心神喪失で無罪になったりした人を対象に、刑事処分として法務省所管の保安施設に収容するという、いわゆる保安処分の内容が盛り込まれていたが、弁護士会や精神医学界からの反対もあり、成案に至らなかった。保安処分は刑事の手続き、刑事施策として作られるものであるが、医療観察法は適切な医療のための法律として出来上がったもので、保安処分とはまったく観点が異なるものであると法務省の担当者は説明する。

医療観察法を判断するのに、医療観察法の成立後、重大事件を起こした精神障害者の再犯率が下がったのかどうかは、もっとも気になる点である。そこで、「医療観察法病棟から退院した人のうち、再犯を起こした人は何人、何%になるかという数字はあるか」と質問をしてみた。

厚生労働省の担当者からは、「いただいたご質問については、法務省の所管かと思います。当職でお答えするものではありません」、法務省からは、「地域処遇（通院処遇）中に対象行為を起こした人、具体的には、法施行から令和二年（二〇二〇年）までに地域処遇を開始したもののうち、医療観察の対象となる重大な他害行為、すなわち、強制性交等、強制わいせつ、殺人、放火、傷害、強盗（傷害以外は未遂を含む）を行って医療観察法における（再）入院決定もしくは新たな入・通院決定または罰金刑以上の刑事処分を受けた人は一八人。もともと三〇〇〇人ほど開始件数があるうちの一八人ですから、割合としては〇・六％ということになります」という回答だった。法務省としてはこれは少ない数字であり、医療観察法の成果は上がっているという自負を持っているのだろう。

ところが、これは原則三年の通院処遇の間に再犯・再他害行為をした人の数字であって、その後、精神保健福祉法に移行してからの数字は含まれていない。元対象者の人生はその後も長く続く。本当に再犯・再他害行為が抑えられているかどうかは、もう少し長いスパンで再犯・再他害行為をしなかったかどうかにかかっているだろうと私は考えたので、医療観察法の通院処遇が終わって精神保健福祉法に移行してからの再犯に関して重ねて尋ねると、「それに関しては正確な数字を把握していない」との回答だった。

「医療観察法から外れたら医療観察法における監視はしないから、それは分からなくなるということですか？」と聞くと、「なかなか把握しきれない部分はございます」とのこと。確かにいつまでも医療観察法に基づく監視を続けるのは、患者の人権や社会復帰に照らしてよくないのかもしれない。しかし病棟を退院してわずか三年程度の間しか調査せず、その後は分からない、だが三年の間の再犯率は低いから、医療観察法は成果が上がっていると説明されても、そのまま納得することは難しい。

医療観察法病棟を出てから自殺している人が多いのではないか、という医療観察法に反対している人たちが指摘している件について質問すると、厚生労働省の担当者は、「退院後の地域社会における処遇中の件数については法務省の所管かと思います」という回答だったため、入院処遇中の件数について質問したところ、「令和三年（二〇二一年）四月一日現在で一六件になります」という回答だった。そこで法務省に確認すると、「法施行から令和二年（二〇二〇年）末までに地域処遇中に自殺したと推定される精神保健観察対象者の数は五二件」だとし、通院処遇が終わった後の自殺については、「把握してないので分からない」という。

「医療観察法というシステムが対象者に対して社会的孤立を与えているのではないか、という意見があるが、これについての見解は」と聞くと、厚生労働省の担当者は、「法律の目的は社会復帰の促進であり、何をもって社会的な孤立を与えるシステムとおっしゃっているのか分かりません」という回答。法務省は、「対象者が地域処遇の間、継続的な医療を確保できるよう、社会復帰調整官が通院状況や生活状況を見守るとともに、必要な助言指導を行っていますし、医療機関、福祉サービス機関の皆で必要な助言指導を行っています。また通院期間の終了までに、医療観察制度による処遇の手が離れても地域でサービスが受けられるよう、各機関でケア会議も行っていて、そこに対象者の家族も交えて話し合いの場を設け、医療観察が終了したあとも孤立の状況に陥らないように支援しています。それこそが医療観察法の目的であり、地域の一般精神医療や精神保健福祉の枠組みに確実に移行させていますので、対象者の社会的孤立を防ぐ取り組みを行っていると我々は考えています」という回答だった。

病棟を退院してから、どのくらいの人が社会復帰できているとか、どのくらいの人が生活保護を受けているかというデータについては、これも厚生労働省の担当者は「ご質問いただいている社会復帰の定義が不明なため回答できません」とのこと。これに対して私が、社会復帰のための法律だというのなら、どのくらい社会復帰できているかは把握して検証したほうがいいのでは、と問いただすと、「社会復帰の定義にもよるかと思うのですが、生活保護制度は、生活に困窮する方に対し、その困窮の程度に応じて必要な保護を行い、健康で文化的な最低限度の生活を保護するとともに、自立を助長することを目的としています。就労したくても、なかなか就労が困難な場合に必要な扶助として生活保護を受けながら社会で生活している方もいらっしゃるので、それも社会復帰というか社会生活のひとつのあり方だと思いますし、生活保護受給の有無をもって社会復帰ができているかどうかの評価ができるものではないと考えておりますがいかがでしょうか」と問いかけられた。確かに生活保護を受けて生活するというのもひとつの社会復帰のあり方だろう。それにしても対象者の社会復帰の状況を知るためには、どのくらいの人が生活保護を受けているか、そしてどのくらいの人が就労しているかくらいは把握しておく必要があるのではないだろうか。

同じ質問に対して法務省は、「通院期間の満了および処遇終了決定により本制度による処遇を終了した者については、それまでの保護観察所等の取り組みによって、医療観察法における処遇の終了後も、継続的に必要な医療、精神保健福祉サービス等が確保されておりますので、社会復帰を実現したものと評価できると考えております。生活保護の受給者についてはこちらの方では把握はしていませんが、医療観察の対象者の社会復帰というのは必ずしも就労して自力でお金を稼いで生活していくことまでが社会復帰とは考えておりませんので、こちらで達成しているというふうに考えております」という返事だった。

社会復帰という言葉の定義については、一般的な定義とずれを感じざるを得なかった。

これまでの医療観察法の成果について聞いたところ、厚生労働省は「法が施行されて五年が経過した時点の平成二二年（二〇一〇年）に、施行状況を国会のほうに報告しております。その後の法務省と厚生労働省における検討の結果では、施行状況については、おおむね良好であるとされておりますが、引き続き、必要な取り組みを進めていきたいと考えております」。法務省も「施行の状況はおおむね良好であると見られ、法律の目的に照らして有効に機能しているという結論となっております」との答えだった。

医療サービスや福祉サービスを提供し、社会復帰調整官によってケアしているから孤立はなく、社会復帰を実現している、という。応答の中に出てくる保護観察所というのは、医療観察法第一九条に定められている、医療観察法における生活環境の調整や精神保健観察の実施に関する事務をつかさどる機関だが、これが十分機能を果たしていないという精神科医の岡崎伸郎などの指摘もある（『精神保健医療のゆくえ　制度とその周辺』日本評論社）。

第七章で紹介した元対象者の声を思い出す。社会復帰調整官や他職種スタッフと本音の付き合いができればいいが、もしそれが官僚的なマニュアル上の支援にとどまっていたら、それらのケアは対象者にはかえって自分を監視・拘束するものと受け止められてしまう。家族や所属コミュニティに干渉することで人間関係に支障が生じ、かえって孤立を深めさせることもあるのかもしれない。また、二〇一〇年に医療観察法の五年間の施行状況に関して国会報告がされているとのことだが、この内容は医療観察法の実施状況に関する基本的な数字と条文だけで構成されている。精神障害の当事者団体である「全国「精神病」者集団」は二〇一〇年一一月三〇日、この国会報告は自殺者を出している実態への原因究明になっていないという声明を出している。

法制度を作り、管轄する組織として、現時点での問題点をなんら認めないというのはいささか楽観的に過ぎるのではないだろうか。

退院後に関するデータ

医療観察法対象者が指定入院医療機関を退院してからの経過については、ほかに国立精神・神経医療研究センター病院の竹田康二による「指定入院医療機関退院後の予後に影響を与える因子の同定に関する研究」という報告書がある。この報告書は、二〇〇五年七月一五日から二〇一九年七月一五日の間に指定入院医療機関を退院し通院処遇に移行した対象者のうち同意の得られた者、累積一〇七八名（男性八二一名、女性二五七名）を調査したもの。二〇一九年七月一五日時点で三六〇名が処遇継続中で、七一八名が処遇終了していた。

それによると、精神科の主診断は、統合失調症、統合失調症型障害および妄想性障害が八七四名（八一・一％）でもっとも多く、気分障害（九六名、八・九％）、精神作用物質使用による精神および行動の障害（七六名、七・一％）と続く。対象行為は、傷害三七六名（三四・九％）、殺人（未遂含む、三六七名、三四・〇％）、放火（未遂含む、二四九名、二三・一％）の順だった。

通院処遇期間中に「重大な再他害行為」が認められたのは一三名一九件。重大な再他害行為の累積発生率は一・七％／三年。「その他、重大な再他害行為に当たらない比較的軽微な他害行為」は四一名五八件認められた。

通院処遇期間中に死亡したのは二〇名（男性一三名、女性七名）。死因は自殺が一〇名で最多。ついで病死が五名、事故死が四名。自殺企図（未遂を含む）は三二名三六件であった。

指定入院医療機関退院後の精神保健福祉法入院累積発生率は三三・四％／一年、四七・五％／三年。指定通院医療機関退院と同時に精神保健福祉法入院（調整入院）していた者が一五五名いた。通院処遇期間中に就労を行った者は処遇終了者七一八名中一〇一名（一四・一％）、ただし就労形態はアルバイト・パートが過半を占め、数日程度のごく短期間の就労も含んでいるとのこと。

もっとも、自殺の数字に関しては第六章で引用した浅野詠子の記事では七〇名という数字が出ている。竹田康二によるデータは各医療機関が本人の同意を得て文書で回答してもらう形式をとっており、医療観察法が施行されて一四年の間に指定入院医療機関を退院し、通院処遇に移行した者の半分程度しかフォローしていない。本調査が把握できなかった範囲でさらに発生している可能性はある。

そして、厚生労働省、法務省とのやりとりにもあったように、通院処遇が終了すると通常の精神医療に移行し、医療観察法とのつながりはなくなるため、公的機関によるフォローがされなくなる。医療観察法の成果について正確に議論するためには、その後、元対象者がどのような生活を送っているのか、一〇年後、二〇年後もフォローした調査と研究が必要ではないだろうか。

第九章　被害者の悲痛な思い

刑法三九条の被害者は二度の死を経験する

　第一章で取り上げた、精神障害者の支援施設で働いていた息子を殺された木村邦弘にとって、二〇一四年八月、息子を死に至らしめた対象者の入院処遇が審判により決定してからは、出口の見えない日々が続いた。対象者が入院処遇を受けている病院の名前だけは通知されたものの、その人物がその後どう過ごしているのか。まったく知ることができなくなったからだ。

「その対象者がその後どういうふうに反省しているのか、彼はうちの息子に対していまどういう気持ちを持っているのか。そして彼はこれからどうやって生きていくのか。それが知りたい。だけどまったく知る手段がないんです。この知ることができないということ自体が、まったく医療観察法というのは理不尽、不条理な法律だと思うんだよ」

通常の犯罪の被害者は二〇〇四年にできた犯罪被害者等基本法によって、裁判所で加害者に対して質問したり、意見を述べたりする制度が整っているし、加害者が留置所に入って刑が執行されていく過程でも「更生保護制度」の仕組みに基づいて、いま加害者がどういう状況にあるかという情報を得たり、自分の思いを伝えたりすることができる。しかし、不起訴で医療観察法制度の入院処遇になると、まったく情報が提供されない。これに対して邦弘はおかしいと訴えている。「つまり刑法三九条の被害者は、実際自分が殺されるという肉体の死のほかに、刑法三九条によって知る権利も奪われる。二度目の死である社会的な死というものがある。そういう過酷な状況に置かれていると思う」

邦弘は弘宣の死について業務上のものであるとして、労災を申請し、これが認可されると、その労災給付金の中から五〇〇万円を札幌市が福祉団体へ助成する「さぽーとほっと基金」に寄付。「木村弘宣　メモリアル基金〝ひまわり〟」を設置した。これは保健、医療、福祉の増進を図る活動、特に精神障害者や若年性認知症の人の自立支援活動について助成するもので、毎年さまざまな団体に一〇万～三〇万円の助成を行っている。現在は「ひまわりピアサポート基金」に改称した。

「単に対象者に対して殺した恨みがあるというだけではなくて、やはり息子はその人の精神障害を持っているところも含めてケアをしていたわけだから、それが途中で途切れてしまったことは無念だと思う。だから精神障害者の自立を支援する仕事をしていた息子の意思を私も受け継いで、精神障害者の社会復帰や自立支援をしている団体を支援していきたい。同時にこういった事件を起こした人に対しては、その人が社会復帰するのであれば、自分の起こした事件に対する認識を持って、起こしたことにちゃんと向き合ってほしい」

若年性認知症を患っていた邦弘の妻の介護は、息子の弘宣が主に担っていた。その弘宣を失ったことで、妻の介護の負担は邦弘が一身に背負うことになった。弘宣が亡くなったことを理解できない妻を邦弘は不憫に思った。だが、知人から「理解できたら大変な悲しみを背負うのだから、分からなくてよかったのかもしれない」と言われた。弘宣の姉である長女からは、大変なショックでトラウマになり、事件について触れられたくないし思い出したくないから、邦弘の活動に加わることはできないと告げられた。

邦弘は二〇一五年二月、弘宣が勤務していた医療法人と和解書を締結。そして同月、北海道精神保健福祉士協会の後援で、医療観察法を考えるシンポジウムを開催している。医療観察法に関わる医師や弁護士も巻き込んだこのシンポジウムは、その後二〇二二年まで毎年開催している。

息子を殺害した対象者が、いま何を考えているのかを知りたいと思い、邦弘は対象者が入院している医療観察法病棟に何度も連絡し、対象者の状況について情報提供してほしい、必要であればそちらまで行くから、話を聞きたいと訴えた。だが、回答は、患者情報については秘匿義務があるから、どこの医療観察法病棟でも被害者に対する情報提供はしていない、というものだった。

対象者の個人情報や人権は守られているが、被害者家族の知る権利は何も保障されていない。「日本国憲法は基本的人権を保障しているけど、殺されるというのは、そこで生命が終わるわけだから、いわば最大の人権蹂躙《じゅうりん》です。被害者はすべての人権を失っているのに、それ以上に守らなければならない対象者の個人情報とは何なんだと。それは法の下の平等の原則に照らしても、まったく成り立たない話のはずです」

二〇一七年八月、邦弘は当時の上川陽子法務大臣あてに要望書を出した。刑法三九条の事件の被害者に対しても、犯罪被害者等基本法の基本理念に基づき、尊厳と権利の尊重と、知る権利の保障、そして他の犯罪者と同等の法的・経済的・精神的救済を求めるものだった。

すると、法務省の役人が札幌まで訪ねてきて、邦弘に聞き取り調査をした。その後、二〇一八年六月二五日、法務省から全国の保護観察所の保護局長あてに「医療観察制度における被害者等に対する対象者の処遇段階等に関する情報の提供について」という通達が出た。その内容は、被害者等が求めた場合に保護観察所は「対象者の氏名・処遇の段階・担当保護観察所の名称・地域処遇中の接触状況（ケア会議の回数）」の情報を提供できるというもの。その際に、対象者本人の同意がなくても、情報を提供できるとしていた。対象者の権利擁護から、被害者側の権利も考慮する制度へと一歩前進したものだった。

その後も、邦弘は、二〇二〇年一一月、犯罪被害者等基本法の第四次計画に医療観察法の被害者にも犯罪被害者等基本法の基本理念に基づいた支援を求めるパブリックコメントを提出。これは数多く寄せられたパブリックコメントのなかから唯一警察庁のホームページに全文が公開された。二〇二一年七月には法務省と厚生労働省に要望書を提出。その間も毎年シンポジウムを開催するなど活動を続け、二〇二二年七月には犯罪被害者支援を目的するＮＰＯ法人「さっぽろ犯罪被害者等援助センター」を発足させた。

精神障害者の自立支援の団体に対する「ひまわりピアサポート基金」の助成の活動も続けている。

「精神障害者の自立支援をしている団体に対しては情報を提供して、応募を呼びかけています。精神障害者自立支援をやっている団体は、小さなところが多くて、あまり大きな助成をしてしまうとそれがかえって活動の負担になりかねない。だから一〇万円単位の助成が中心です。息子が精神障害者の自立支援を人生をかけてやろうとしていたから、父親の私もそれを続けていきたい。医療観察法の被害者の権利を訴えていますが、医療観察法という法律自体が駄目だとか廃止したいということではないし、対象者にとっては医療とか社会復帰は必要なことなのだろうと思っています。しかし、被害者が何の情報提供も受けられないということは受け入れられない」

邦弘は、その後も、対象者の現状を知りたいという申し入れを定期的に保護観察所に送り、医療観察法病棟を退院したという報告も受けた。さらに、医療観察法の下での通院処遇は三六ヵ月で終了ということを知っていたので、その頃また要望を出したところ、通院処遇が何月何日に終わったという通知を受けた。それ以降は、対象者がいまどこで、どのように暮らし、自分が起こした対象行為と、失わせた木村弘宣という青年の人生についてどう思っているのか——もう知ることはできなくなった。

犯罪被害者に権利を

札幌で活動する山田廣弁護士は、犯罪被害者支援弁護士フォーラムの中心的立場を担うなかで、木村邦弘のシンポジウムにも参加してきた。山田弁護士が被害者支援が必要だと考えるようになった原点は、弁護士になる前に検事をしていた頃の経験から来ている。

「検事として被害者を目の前で見て、事情を聞いたり取り調べをしてきたなかで思ったのは、加害者が心神喪失で責任能力がなかったからといって、被害者にとって家族を奪われた苦しさはまったく変わらないということです。ところが世間は大きな殺人事件の精神鑑定で加害者が心神喪失となった時点で関心が薄れて、加害者が裁判にかけられないということで事件を忘れてしまう。被害者の苦しみはそこから始まるんです」

二〇〇四年に制定された犯罪被害者等基本法は、前文で「犯罪被害者等の多くは、これまでその権利が尊重されてきたとは言い難いばかりか、十分な支援を受けられず、社会において孤立することを余儀なくされてきた。さらに、犯罪等による直接的な被害にとどまらず、その後も副次的な被害に苦しめられることも少なくなかった」とし、第三条において、「すべて犯罪被害者等は、個人の尊厳が重んぜられ、その尊厳にふさわしい処遇を保障される権利を有する」と記している。しかし、山田弁護士は、医療観察法の被害者においては、この尊厳が全うされていないと訴える。

「医療観察法では被害者の尊厳と権利はまったく守られていないといっても過言ではない。ですから、医療観察法を抜本的に変えて、被害者支援の条項を入れ込むべきです。もしくは別の法律を新たに作ったほうがいいかもしれない」

まず必要なのは、審判に被害者が参加できるようになることだと山田弁護士は言う。

「通常の事件で、被害者が法廷で意見陳述する場合、それは裁判官に向かって話すものです。しかし、そこには被告人がいます。被告人に聞かせるために話しているとも言えます。そこで泣きながら気持ちをぶつけることで、被害者は少しだけ気持ちが落ち着くんです。生きていく上で一歩前へ出られるんです。しかし、医療観察法の審判では被害者は傍聴はできても意見を陳述する機会は与えられていない」

そして何より必要なのは、対象者が治療を受けたことで、事件についてどのように内省を深めたのか、知ることができるようになる点だと山田弁護士は言葉を強める。

「被害者の一番の関心事は、いったい対象者が事件に対していまどのように反省しているのかということです。反省していなければ社会復帰とは言えないのではないかと、被害者がそう思うのは当然です」

山田弁護士によると、医療観察法病棟における入院処遇段階、また通院処遇段階において、ケア会議の内容は、医療情報であり、開示できないというのが法務省の基本的方針だという。

「しかし被害者は医療情報を開示してくれと言っているわけではない。ケア会議の中身、特に事件に対してどう内省を深めたのかを知りたいのです。それを知ることが、被害者にとっては一つの区切りになる。対象者から直接聞くことはできないだろうから、せめてケア会議に立ち会った保護観察官から被害者が間接的に対象者の内省状況について説明を受けられるようになるべきだ。そういう制度を作るべきだと、私はずっと提案しているんです」

日弁連の中でも、加害者支援に比べて被害者支援はマイナーな領域になっている。当然守られるべき被害者の権利がなぜ蔑《ないがし》ろにされているのかと、山田弁護士は憤る。

本書の取材をする過程で、いつしか私は、対象者の医療に携わる医療者と、対象者の人権を守る立場から医療観察法に反対を唱える弁護士ら、という対立軸にとらわれてしまっていた。

だが、木村邦弘は息子の弘宣の意思を継いで精神障害者の自立の支援を活動の名称に掲げているし、山田弁護士も、対象者を医療観察法で手厚く治療することに対してはまったくこれを否定しない。しかし被害者の人権擁護とそれに対する支援がなかなか進まないことに異議を唱えている。その訴えは対象者への支援に対する対立軸としてではなく、ともに進めるべきふたつの目標として捉えるべきだろう。

第十章　医療観察法と社会復帰

新設された北海道の医療観察法病棟

木村邦弘の紹介で、賀古勇輝医師を訪ねた。賀古医師は、二〇二二年に新設されたばかりの医療観察法病棟、北海道大学病院附属司法精神医療センターのセンター長を務めている。

北海道には医療観察法病棟がなかったため、北海道在住の対象者は他県の医療観察法病棟に入院せざるを得ない状況が続いていた。そのため、北海道への医療観察法病棟の設置は積年の課題だった。医療観察法病棟としては初めての大学附属病棟としてスタートしたが、その敷地が札幌刑務所と隣接しているため、医療であるといいながら実質は刑務所なのではないか、という批判が、医療観察法に反対する人たちから上がっていた。

タクシーの運転手には北海道大学病院附属の医療観察法病棟といっても通じなかったため、札幌拘置支所で止めてもらった。札幌刑務所と札幌拘置支所の長い塀に沿って歩いていくと、広い敷地の奥に北海道大学病院附属司法精神医療センターの真新しい建物があった。受付の入り口に取材での来意を告げると、ちょうど新たに入院する対象者と思われる人を乗せた車が止まり、私の姿を見て職員が戸惑っている。どうやら、部外者がいると対象者を建物に入れるのにセキュリティ上不都合があるようで、外に出ていたほうがいいかを尋ね、しばらく外に出ていると、職員に促された対象者が大人しく病棟の中に入っていった。

少し置いて私が入ると賀古勇輝センター長が現れて、建物の入り口近くの一室で取材が始まった。

「北海道に医療観察法病棟を作ることは、知事からの要請でもありました。積年の課題でしたが、さまざまな反対意見もあり、頓挫しかけたこともあります。結局、札幌拘置支所の隣の土地を国から借りる形で実現したのですが、初めての大学附属の医療観察法病棟ということで、対象者をいかに治療するかについての研究と医療を同時に進めるうえでも、意義のある病棟になると思います」

刑務所に隣接していることで、反対派からは医療ではなく司法なのではないか、という批判も浴びたが、賀古医師は、むしろそのことで刑務所での医療にいい影響を与えられる可能性があると説明する。

「医療観察法の患者さんは、比較的この法律のもと手厚い医療を受けられていますが、精神障害があっても医療観察法の対象になるのは一割から二割程度です。精神障害の方は、一般の刑務所にも大勢いるのです。その方たちは刑務所のなかで治療を受けていますが、札幌刑務所では精神科の矯正医官という常勤の医師は一人しかおりませんし、常勤の精神科医がいない刑務所も少なくありません。矯正医官や刑務官の方々は頑張っていらっしゃると思いますが、やはり刑務所では医療観察法病棟のような手厚い医療は受けられない現状があります。これからは医療観察法病棟と刑務所が連携することで、刑務所での精神科医療も底上げしていきたい」

そう語る賀古医師だが、医師としては対象者を治療することが仕事なので、どうしても対象者の方にばかり目が向きがちになる。事件の被害者の立場についてどう考えるか、木村邦弘と出会ったことで目から鱗が落ちたという。

「患者さんに対する社会の偏見をなくしたいといっても、事件の被害者がきちんと救われないことには始まらない、ということに、木村さんとの出会いを通じて改めて気付かされました。木村さんの主宰するシンポジウムに参加して痛感したのは、加害者支援と被害者支援というのは対立関係ではなくて、絶対に一緒にやっていかなければいけないものだということですね。そのふたつは相乗効果があるんだということを、木村さんは体現されている方なので、あの方に出会えて本当に多くのことを学びました」

医療観察法病棟と刑務所、大学病院の連携。そして加害者支援と被害者支援の両輪を進めていくこと。対立構造に落とし込むのではなく、ともに進めていくべきことなのだと、賀古医師は力説した。

「社会復帰の促進」という文言

小高い丘を登った先にある横浜市の神奈川県立精神医療センターは、三三床の医療観察法病棟を擁する精神科病院である。東京都立松沢病院、国立精神・神経医療研究センター病院を経てこの病院の所長に就任した田口寿子医師は、所長室で取材に応じてくれた。

「医療観察法ができて二〇二二年で一七年。反対意見もありましたが、やはりこの制度ができてよかったと思っています。法案が出た当初は、保安処分の制度を作ろうとしているのではないかと、弁護士会や精神神経学会も反対した経緯がありましたが、そういった反対があったからこそ法案がブラッシュアップされました。最後の時点で『社会復帰を促進することを目的とする』という文言が入った。それがすごく大きかったんです。つまりそういう人を長期間堅牢な病棟に隔離するのではなく、できるだけ社会復帰してもらうんだと。それを目的にしたからこそ、ときには強く地域の関係者を説得するなどして、何とか退院を実現させてきたんです」

田口医師によると、医療観察法ができる前は、重大な他害行為を起こして心神喪失や心神耗弱で無罪や不起訴になった精神障害者は、検察官の通報を定めた精神保健福祉法の第二四条に基づいて、一般の精神科病院に入院させられてきた。そういったところでは病棟のなかで管理はするけれども、特別な治療的介入は行われず、いつまでも入院させられているケースも多かったという。

「それがいまは医療観察法のもと、専門病棟で集中的に治療が行われています。その過程で、他害行為を起こす精神障害者の特徴もいろいろと分かってきました。統合失調症のなかでも治療に反応しないケースの人もいるとか、精神障害に加えて薬物依存の問題、軽度の知的障害、発達障害、パーソナリティ障害などを持っている人がどのくらいいるかも分かってきました。あとは社会的に孤立してきた、支援が行き届いていなかった方がどのくらいいるかとか。対象者はそういった多くのハンディキャップゆえに対象行為に至ったと言えるため、医療観察法では個別の治療や丁寧なケースワークが求められます。そうした経験の蓄積を、一般の精神科医療にも広げていきたいと思っています」

実際、医療観察法の附則抄第三条には、「政府は、この法律による医療の対象とならない精神障害者に関しても、この法律による専門的な医療の水準を勘案し、（中略）精神医療全般の水準の向上を図るものとする」と書かれている。田口医師は言う。

「確かに医療観察法では患者さん一人あたり相当のお金がかかっていますし、治療環境としても充実しているので、一般の精神医療ですべて同じようにできるわけではありませんが、そのノウハウを生かす方策を考えていくことはできます。これだけケアをしたらこんなに症状の重い人も社会復帰できる、ということが分かっただけでも、大きな収穫だと思っています」

神奈川県立精神医療センターにおける内省プログラム

医療観察法ができてからの治療で変わった点について、田口医師は、これまで本書でも言及してきた内省プログラムを挙げる。

「医療観察法ができるまでは、対象行為を起こした患者さんに対し、その行為のことには一切触れないという不文律がありました。そのことについて話したら具合が悪くなってしまうから、と。病気が悪くなるから刺激をしないでおこうと、人を殺したり、放火をしたりといったその事実についてはは病棟ではアンタッチャブルだったんです。しかし、医療観察法医療では、そのことを避けていたらやはり真の意味での回復には至らない、むしろ自分がやったことについてはしっかりと向き合わなければいけないと考えられています。それで内省プログラムを実施しているのです」

田口医師はこれまで、自分の子どもを精神疾患から殺《あや》めてしまった母親の患者を多く担当してきた。医療観察法では、そういった患者に対しても、その行為について、どうしてそんなことをしてしまったのか内省プログラムで振り返っていく。その過程で、最低の母親だと自らを責める患者に対し、対象行為は病気の症状によって起こったのであって、それ以前は子どもを慈しんで育ててきた普通の母親だったこと、現在の自分の認識は対象行為のために歪められていることに気づいてもらう。答えを押しつけるのではなく、質問を重ねることで対象者が自ら気づくよう促していくという。

「内省プログラムは決して本人を責めるためではなくて、二度と同じことを起こさないために、なぜそういうことが起こったのかを理解するのが目的です。まず最初に自分が育った家庭、学校生活、職業生活など、自分史を振り返る。医療観察法の対象となる方には、これまでの人生のなかで暴力などさまざまな被害にあっている方も多いので、自分がそうした経験にどういう影響を受けてきたか、あるいはどういう気持ちで自分が暴力を振るって、相手にはどんな影響を与えたのかを読み解いていきます。そして病気になってからどうなったかを振り返り、そのうえで対象行為に至った流れを図式化していくのです。本人と一緒に話をしながら見ていくと、何が問題だったのかが浮き彫りになってきます」

医療観察法反対派の意見によると、内省プログラムが患者に苦痛を与えている。実際に、内省プログラムがつらかったと言っている人もいるようですが、と私が問うと、田口医師の語気は強まった。

「それはつらいですよ。みんなつらいって言いますよ。だって目を背けたいことに向き合うんですから。だけどそこを通り抜けなければ、本当の意味での回復はないんです」

そして、こう続けた。

「対象行為があったことで、その人のこれまでの人生とそれ以降の人生は断絶してしまいます。だけど対象行為をなかったことにはできない。それでも生きていかなければならない。だから、その断絶をできるだけつなげるように支援する必要があるんです。もちろん、病気のせいだったとはいえ、自分の母親や子どもを殺してしまったというのはつらい事実ですよ。でもそれに向き合わなければ断絶は断絶のまま、絶対にうまくいかないんです。もちろん対象者はそれに向き合うのがつらいって言いますし、こちらもつらい思いをさせているから、これでいいんだろうかって悩みます。だけどそれに蓋をして見ないままだったら、決して本当の意味でよくならない。病気や対象行為だけでなく、自分のこれまでの人生全体をスタッフと一緒に振り返っていく中で、対象者の方が自らいろいろなことに気づいていきます。そうやって内省が深まると、あ、変わったな、と回復への兆しを感じる瞬間があります」

患者が回復してから退院するまでには、退院してどこに暮らすのかという調整にかなりの時間をかける。医療観察法の事件では家族を殺害したケースも多く含まれているので、家族からは「二度と一緒に暮らすのは無理です」と言われて、退院後はひとりで暮らすケースも多い。その場合、どこでひとり暮らしをするのかを調整するのも、医療スタッフの重要な仕事だ。

病状が重くとてても退院できないのでは、と思った患者が回復して退院していく姿を見るときが、一番嬉しいという。女性の患者の場合、元気でね、と抱き合って涙ぐみながら別れることもあったと、田口医師は言う。

だがすべての患者がそのように回復して退院できるかというと、そう単純ではない。

長期入院の理由

田口医師によると、医療観察法病棟の患者の多くは三年くらいで退院しているが、なかには五年以上の長期入院になっている人もいる。

「多くの医療観察法病棟に、一人、二人は七、八年くらい入院している人がいます。退院できない一番大きな理由は、やはり病気が重すぎること。そして単に病気が重いだけではなくて、病気が原因で暴力が治まらない人ですね。そういう人は病棟の中でもすでに暴れて物を壊したり、看護師を殴ったりしている。そういう衝動性のコントロールが非常に難しい人たちがいるんです」

どうしても治療の効果が上がらず、一般社会に戻る見通しの立たない対象者に対しては、裁判所が医療観察法の処遇を終了すると判断することがある。そうした場合、対象者は医療観察法病棟から一般の精神科病棟に移ることが多い。

「なぜかというと、医療観察法は、『疾病性』といって病気であること、『治療反応性』といって、治療してよくなる可能性があること、あと、『社会復帰要因』といって処遇開始当初には社会復帰が困難だけれども、調整によってそれが可能であること、この三つの要件を満たす場合に、処遇の対象になるんです。やはり医療観察法病棟は拘束性の高い病棟ですので、治療反応性がないにもかかわらず、そのような病棟に入院させて人権を制限していることはよくない、という裁判所の判断で、入院にならなかったり、入院後に医療観察法の処遇が終了になったりすることがあります。そういった対象者が地域で生活できる状態になければ、通常の精神科病棟に入院してもらわなければなりません。これについては、精神科病院のほうから、医療観察法でよくならない患者を私たちの一般の病棟に送ってくるとはどういうことだ、と苦情を言われることもあります」

その一方で、本来なら医療観察法の対象にはならないのではないかと思われるケースが医療観察法病棟に入院してくることもあるという。

「たとえば、飲酒の影響で事件を起こした人が、精神鑑定のときに妄想的な話をしていたから統合失調症と診断されて医療観察法の入院になったけれど、実際にはそれは妄想ではなくて、ただアルコールを乱用したケースだったとか。この人どうして医療観察法病棟に来たんだろう、診断が間違っていたのではないかと判断して、入院後数週間で退院の申立てをすることもあります」

だとすると、医療観察法に反対する人たちがいうように、医療観察法という法律と、それによる医療観察法病棟ができたことで、過剰な収容が行われつつある、という側面も否定できないのかもしれない。

だが、あくまで医療観察法の目的は対象者の社会復帰であり、そのために力を尽くしていると田口医師は説明する。対象者の社会復帰を目指す――その目的がゆえに、被害者の側からは、どうしてそこまで加害者の側に立つのかと非難されることもあるという。

被害者の苦悩

田口医師が診ていた患者で、自分の母親を殺してしまった人がいた。その兄弟から、入院中の本人に会いたいという要望があったという。田口医師らこの対象者を担当する多職種チームのメンバーは悩んだが、退院後に会うよりも、入院中のほうがその後のフォローができるだろうと考え、本人の意向も確認したうえで面会をセッティングした。その結果は、いたたまれないものだったという。

自分の母親を殺されたことに激怒している兄弟は、面会の始めから終わりまで、本人を責める激しい言葉をぶつけ続けた。

「本人はうつむいて、ただただ『申し訳ないことをした』と言い続けていました。本人にとっては一番つらい時間だと思いましたが、それでも本人と話したいと望む家族と会うことは双方にとって必要ではないかと考えたんです。面会のあと、その兄弟の方は私たちに言いました。『それでもあいつには皆さんがいますよね。綺麗な病院に入院して、皆さんに助けてもらっている。でも、母親を殺された私には誰も助けてくれる人はいません』って。つまり家族を殺した本人が病棟で手厚い医療を受けているということ自体が家族を傷つけているんですよね。私たちが彼の社会復帰のために治療しているということも家族を傷つけている。だから私たちも、対象者だけではなく家族のためにも何かしたいと思うんですが、家族が被害者でもある場合、両方の立場に立つことは難しいと感じます。ただ誤解のないように言っておきたいのですが、先ほどのケースのように直接対象者が被害者から責められるということは例外的だと思います。それに、被害者の立場であっても対象者の社会復帰に積極的に協力してくださる家族の方々も多いです」

困難なことが多い一方で、前述のように、医療観察法のもと対象者の治療と社会復帰に取り組んできた成果は確実に蓄積されてきているという。

「重大な他害行為にいたる精神障害者はどういう人たちなのか、そういう他害行為が起こらないようにするためにどのような支援が必要かという知見が積み重ねられてきて、そのために苦労した経験が、医療観察法の対象ではない精神障害者の治療や支援にも役立てられるようになると思います。医療観察法の制度のもとで経験を積んだ看護師やワーカーが地域に出て活躍するようになっていますし、医療観察法の対象者を受け入れた地域の施設も力をつけてきている。それに、医療観察法の審判を経験することで、裁判官をはじめ法曹関係者の精神障害に対する理解が深まってきています。これから私たち医療観察法関係者は、一般の精神障害者の医療の方ももっと充実させられるよう、声をあげていかなければならないと思っています」

田口医師の言うように、医療観察法で培われた知見は、一般の精神医療も底上げしつつあるのだろうか——。

システムが間違っていれば善意も悪意になる

劇作家のくるみざわしんは、精神科医でもあり、精神医療の現場で感じてきた問題や矛盾を自らの作品に取り入れてきた。代表作「精神病院つばき荘」は、ある精神科病院を舞台に、精神科医、患者、看護師の三人の対話を通して、精神医療と原発の問題に通底するこの国の巨大な問題が浮かびあがってくる野心作で、各地で上演を重ねている。

「精神病院つばき荘」の劇中、患者の高木が「私はとてつもなく大きなものに見放され、置き去りにされているんじゃないだろうか」と不安を漏らす場面がある。精神科の患者を精神科病院に閉じ込めてきたその大きなものとは、明治以来作られてきた日本という国家のシステムを含んでいる。

そんなくるみざわに、私がこれまでに重ねてきた取材について見解を求めると、このような感想を漏らした。

「確かに里中さんが会われた現場の医師たちは、良心に基づいて真摯に治療に当たっていらっしゃるのだろうと思います。でも日本の精神科病院のトップにいるのは、精神科医療は社会の秩序を担保しているんだと語る山崎學さんのような人なんです」

くるみざわが言うのは日本精神科病院協会の山崎學会長が、ＮＨＫのＥＴＶ特集「ドキュメント精神科病院×新型コロナ」（二〇二一年七月三一日放送）で発した言葉のこと。「精神科医療は医療を提供しているだけじゃなくて、社会の秩序を担保しているんですよ。街で暴れている人とか、そういう人を全部引き受けている」と語るそのようすは、精神科医療は医療だけでなく治安維持のために行われていると認めたことで、精神科医療やそれに関する報道に携わる人たちの間で問題になった。

「そういう人が上にいる以上、医療のための入院ではなくて、治安維持のための入院になってしまう危険性はつねにはらんでいますよね。内省プログラムについても里中さんは医師から説明を聞くだけで、実際にやっているところを見ていない。その後について実際に本人に確かめているわけではない。それでは、本当に効果があるのかは分からないですよ。私は疑り深すぎるかもしれませんが、いい治療法なのかを検証するためには、ドキュメンタリー映像作家の坂上香さんが映画『プリズン・サークル』を撮ったように、患者の顔にはモザイクをかけてもいいから、映像にして公開するくらいのことが必要なのではないでしょうか」

ただでさえ内部を見るのが難しい精神科医療のなかでも、医療観察法は確かに最大のブラックボックスとも言える。今回、何人もの医療関係者に話を聞き、二人の患者にも少しだけ話を聞くことができたが、果たしてどこまで実態に迫れたか。

医療観察法は患者の社会復帰を目指すと、その条文の冒頭に掲げている。それが本当に実現されているのかを検証するには、退院して社会復帰している人が生活しているようすを取材しなければならないだろう。しかし、それは叶わなかった。たとえ見つけることができたとしても、その人は取材を望まないかもしれない。

同じ方向へ向かって

最後に、本書の取材のきっかけとなった平林医師にもう一度話を聞くと、出てきたのは次のような言葉だった。

「医療観察法をめぐって批判的な意見を言う人がいて、そこに対立構造があるように見えるかもしれません。でも、たとえば弁護士の池原先生は当初から医療観察法の医療に反対をされていますが、もっとも患者さん思いです。患者さんのために行動して、ひとつずつ仕事を進めて来られた方です。

被害者の方の話もそうです。北海道の木村さんも、ソーシャルワーカーの息子さんが、精神障害者の方の社会復帰のために尽力されている過程で亡くなっていて、対象者に対して厳しい視点を持ちつつも、息子さんの意思を継いで、対象者の方たちがきちんと社会復帰していってほしいという方向を向いています。

被害者のご家族とお会いしても対立構造になるということではないですし、池原先生とは年に二回、病院の外部評価会議でお会いしますが、私たちと同じ方向を向いてくださっていると感じます。

周りから見ると、私と池原先生、木村さんの三者が対立しているように思うかもしれませんけど、いずれも対象となった方たちの社会復帰を前向きに考えている人たちの集団であるということは変わらないと思うんです」

心神喪失者と医療観察法というテーマは重かったが、決してつらい取材ではなかった。取材した医療観察法に関わる人たちは、前を向いていた。ときに迷いはあっても、正しい方向を向いているという思いが感じられた。だが、肝心の対象者の思いにはどこまで迫れただろうか？

エピローグ

この本の締めくくりに、私が埼玉県の地域活動支援センターで働いていたときに利用者として通ってきていたKさんの思い出を記したい。

高齢のKさんは、私が入職したときは精神科病院に入院していたのだが、退院してくるにあたり、地域活動支援センターでは、「Kさん戻ってくるんだって」とあまり歓迎されていないようすで囁かれていた。

Kさんはメンバーにも職員にも積極的に話しかけるのだが、返答に困るような突飛な質問が多く、相手を疲れさせてしまうのである。私もよく「里中さん将棋しよう」と言われ、付き合ったのだが、銀を横に動かしたりと、駒の動かし方もおぼつかない。一局始めると最低でも三〇分はかかるので、そのうち忙しいからと断るようになった。

Kさんはほとんど字が読めなかった。なぜ読めないのか、学校に通っていなかったからなのか、詳しくは知らない。若い頃から、板前修業をしたり、ゴミ処理場で働いたり、いろいろな職業を転々としていたが、そのうち精神障害を発症し、精神科病院に入院することになったらしい。

あるときKさんと一緒に施設を出ようとしたら、突然施設の入っているマンションの壁に立ち小便をしたことがあって、私は驚いて理事長に報告した。Kさんは理事長に厳しく叱られていた。

Kさんは生活保護を受けていた。施設では毎年一回一泊二日の旅行が行われていたが、その年、施設長は、飛行機に乗ったことがないKさんに思い出を作ってあげたいと、行き先を函館にした。ところが、その旅行の参加費とお土産でお金を使いすぎたらしく、生活保護の支給日を前にして所持金が底をつき、ほとんど食べていないと言う。私がKさんの部屋を訪ねると、ほとんど根本だけになったシケモクに火をつけて唇を火傷しそうになりながら吸っていた。

そんなKさんが、あるときどういう会話の流れか、『ラストエンペラー』という映画が面白そうだと思っているが、観たことがないので観てみたい」と言い出した。きっと公開時にでも宣伝を見て印象に残っていたのだろう。

私はDVD鑑賞会を企画し、レンタル店で『ラストエンペラー』を借りて、施設のテレビで鑑賞することにして日時を掲示した。

ところが、その日Kさんは生活保護のワーカーが来る日と重なったらしく、最初から観られなかった。いま思えばKさんに時間を合わせればよかったのだが、Kさんは映画も半分以上終わったところから観始めた。

しかもそのDVDには吹き替え版が入ってなかったので字幕で観ていたのだが、Kさんは字が読めないので字幕がほとんど読めなかった。それでも、観終わった後、「面白かったよ。ありがとう里中さん」と言ってくれた。

そんなKさんは、私が地域活動支援センターを退職してしばらくして亡くなった。行きつけの飲み屋で飲んだ帰り、事故にあったらしい。

――これだけの記述で、Kさんがどんな人だったか、なんとなく読者に伝わっただろうか。

当たり前だが、どんな人にもひとりひとりの人生があり、物語がある。だが、その大半は、どこにも記録されず、いつしか忘れられてしまう。

本文の最後にも書いたが、本書では触法精神障害者、当事者の素顔には結局あまり迫れていない。二人の患者に話を聞いたが、短時間の匿名インタビューでは、その生活や人生を詳しく描くには限界があるだろう。

しかし、書かれないことで、触法精神障害者はいつまでも暗闇のなかにいる人物のように、よく見えないまま、よく分からない存在のままであり続けてしまう。事件の報道でも、精神障害者だったと分かると、その人については報じられなくなり、どんな人であったか分からなくなる。よく分からないから、人はそれを怖れるのではないだろうか。明るい光の下で見たら、普通の姿をしているかもしれない。

精神医療の世界では、寛解《かんかい》という言葉を使い、完治という言葉は普通使わない。それは、精神疾患が完全に治ることはないという考えに基づいている。

しかし私は自分のこれまで見聞きしてきた経験からあえて言いたい。精神疾患は回復し得る。

そこからリカバリーできた人は決して少なくない。

一時は精神疾患でひどい状態になった経験を持ちながら、治療を受けることで、働いたり人と交流したり普通の生活を取り戻している人をたくさん見てきた。だから、私は触法精神障害者を含む精神障害者の回復と、それを支える医療者の善意を信じたいのである。

精神障害者やマイノリティなど、生きづらい立場の人たちが受け入れられ、生活できる社会になることを願って、本書の筆をおくこととする。

本書の執筆にあたり、春日武彦医師と名越康文医師には、貴重な助言をいただいた。草稿段階の原稿に目を通してくださった春日医師からは、治療に非常に長い時間が掛かり、回復が困難な患者が存在することを教わった。名越医師からは、医療観察法に対して、推進／反対という二項対立の構造に陥らないように、というアドバイスをいただいた。ご多忙のなか時間を取っていただき、ありがとうございました。

そして、忙しい業務の合間を縫って取材に応えてくださった専門職の方々。極めてセンシティブな内容にもかかわらずご協力いただいた当事者の方々。これまで精神医療・精神保健の分野でご教示いただいたすべての方々。本書の企画段階から見守ってご指導くださった中央公論新社の山田有紀さんに厚く御礼を申し上げます。

二〇二三年八月　　里中高志

主要参考文献

浅野詠子『ルポ　刑期なき収容　医療観察法という社会防衛体制』現代書館、二〇一四
浅野弘毅『精神医療運動史　精神医療から精神福祉へ』批評社、二〇一八
池原毅和『精神障害法』三省堂、二〇一一
井原裕『相模原事件はなぜ起きたのか　保安処分としての措置入院』批評社、二〇一八
井原裕『精神鑑定の乱用』金剛出版、二〇一〇
岩波明『精神障害者をどう裁くか』光文社、二〇〇九
岡江晃『統合失調症の責任能力　なぜ罪が軽くなるのか』dZERO、二〇一三
岡崎伸郎『精神保健医療のゆくえ　制度とその周辺』日本評論社、二〇二〇
岡田靖雄『日本精神科医療史』医学書院、二〇〇二
織田淳太郎『精神医療に葬られた人びと　潜入ルポ　社会的入院』光文社、二〇一一
風間直樹　井艸恵美　辻麻梨子　東洋経済調査報道部『ルポ・収容所列島　ニッポンの精神医療を問う』東洋経済新報社、二〇二二
春日武彦『心の闇に魔物は棲むか　異常犯罪の解剖学』光文社、二〇〇九
佐藤直樹『刑法39条はもういらない』青弓社、二〇〇六
高岡健『精神鑑定とは何か　責任能力論を超えて』明石書店、二〇一〇

武井満『医療観察法と事例シミュレーション』星和書店、二〇〇八
立岩真也『造反有理　精神医療現代史へ』青土社、二〇一三
時東一郎（解説・構成　織田淳太郎）『精神病棟40年』宝島社、二〇一二
中井久夫『統合失調症1』みすず書房、二〇一〇
中島直『犯罪と司法精神医学』批評社、二〇〇八
日本弁護士連合会　刑事法制委員会『Q＆A心神喪失者等医療観察法解説　第2版　補訂版』三省堂、二〇二〇
樋澤吉彦『保安処分構想と医療観察法体制　日本精神保健福祉士協会の関わりをめぐって』生活書院、二〇一七
松下正明『みんなの精神医学用語辞典』弘文堂、二〇〇九
松本卓也『創造と狂気の歴史　プラトンからドゥルーズまで』講談社、二〇一九
村井俊哉『統合失調症』岩波書店、二〇一九
『精神科ポケット辞典　新訂版』弘文堂、二〇〇六

『精神医療59号　医療観察法のない社会に向けて』批評社、二〇一〇
『精神医療96号　医療観察法〜改めて中身を問う』批評社、二〇一九
『精神医療１００号　精神医療改革事典』批評社、二〇二〇
『こころの科学　１３２　精神医学と法』日本評論社、二〇〇七
里中高志「「医療観察法病棟」で何が行われているか?」『中央公論』二〇二〇年六月号
里中高志「精神障害者の犯罪はなぜ減刑　医療観察法の知られざる実態」『サイゾー』二〇二〇年二月号

里中高志

1977年生まれ。早稲田大学第一文学部卒業後、週刊誌記者などをしながら、大正大学大学院宗教学専攻修了。精神障害者のための地域活動支援センターで働き、精神保健福祉士の資格を取得。メンタルヘルス、宗教などのほか、さまざまな分野で取材、執筆活動を行う。著書に『精神障害者枠で働く』(中央法規出版)『栗本薫と中島梓　世界最長の物語を書いた人』(早川書房)がある。

触法精神障害者《しょくほうせいしんしょうがいしゃ》

——医療観察法《いりょうかんさつほう》をめぐって

2023年9月25日　初版発行

著　者　里《さと》中《なか》高《たか》志《し》

発行者　安部順一

発行所　中央公論新社

〒100-8152　東京都千代田区大手町1-7-1
電話　販売 03-5299-1730　編集 03-5299-1740
URL https://www.chuko.co.jp/

DTP　嵐下英治
印　刷　図書印刷
製　本　大口製本印刷

Published by CHUOKORON-SHINSHA, INC.
Printed in Japan　ISBN978-4-12-005696-3 C0095